還暦からの才覚

人は使い込むほどに味が出る――

向谷匡史

青志社

はじめに

実年齢は〝七掛け〟の時代になった。

令和の還暦は、昭和の四十二歳である。

孔子に言わせれば「不惑」――四十にして迷わずの年齢である。人生の何たるを知り尽くし、心から迷いが消え去り、これからの二十年、三十年を存分に生きていく。それが還暦なのである。

ところが私たちは昭和の価値観を引きずり、「還暦＝定年＝余生」という刷り込みがある。定年延長になろうとも、再雇用になろうとも、意識はそう簡単には変わらない。だからこれから先、二十年、三十年という、それこそ気が遠くなるような人生を生きていくにもかかわらず、

（もう歳だから）

と、勝手に老けこもうとする。

とんでもないことだ。

還暦は人生のゴールでもなければ、晩年の決算期でもない。新たな人生に向けて、気持ちも、仕事も、生活も、人間関係も、人生観もすべてリセットする節目なのである。

健康であっても、元気一杯であっても、若者と同じように身体は動かないだろう。経年劣化は当然ある。だが、それと引き替えに経験という財産を得た。焼けた火箸はヤケドしてみてその熱さがわかる。氷は手のひらで触ってみて初めて冷たさを体感する。経験を一つずつ積み重ねることで、私たちはコツコツと〝人生の羅針盤〟をつくりあげていき、六十年で干支がひと回りして生まれ年にもどる「還暦」をもってそれは完成する。

こう考えれば、羅針盤を活かし、順風に帆を張って大海を航海してこそ、還暦以後の人生ということになる。

失敗もたくさんしてきた。自分に誇れる成功も、ささやかながらある。

人生の不条理なら、いやというほど経験した。辛酸も舐めた。人情に涙したこともある。思いどおりにいかないのが人生であることは身をもって知っている。人生の風雪に耐えて生き抜いてきた私たちだからこそ、これら一つひとつの経験を〝第二の人生〟に活かすオ覚があるのだ。還暦までは、会社で人生で、他人と鼻差を競《せ》るようにして前へ前へと駆けて行く。だが、還暦を過ぎたら、競《きそ》う相手はもはや他人ではない。いや、「競う」という生き方からもう一段自分を高みに置き、人生を俯瞰《ふかん》し、悠々の心持ちで生きていきたい。

樹齢を誇る巨木は、地に根を張り、枝を大きく伸ばし、そして年輪を刻んでいく。真っ直ぐに天を衝く杉もあれば、枝振りで魅せる松もある。四季にさらされた樹木の表皮の下には、磨き抜かれた木肌が隠れている。艶々とした木の香りを漂わせている。人も同じで、使い込むほどに味と艶が出るのだ。

本書は、還暦を十年過ぎて古希になった私の、体験的人生観とノウハウを紹介した。私がこれまで関わってきた著名人たちの「還暦からの人生観」も紹介した。これから還暦を迎える人、すでに迎えた人、私のように還暦をすぎて久しい人にも参考になるよう工夫して書いた。

「こういう生き方もあるのか」

そう思っていただければ幸いである。

二〇二〇年十月　　向谷匡史

目次

三章　人間関係の「ディスタンス」

四章　不満・不安・苦悩と病気を飼い馴らす……119

五章　お金がなくても日々是「笑」日という生き方……153

六章　心の平静と「死生観」

装丁・本文デザイン　岩瀬　聡

一章

人生を劇的に変える

01
「今が一番若い」という逆説的発想

私が主宰する空手道場でのことだ。

休憩時間に、黒帯の青年が高校生たちに向かって、こうこぼした。

「俺、来年で三十歳だぜ。おまえら、若くていいよな」

老成した口調に、私は思わず吹き出しそうになった。三十歳なんて人生これから。航海にたとえれば、外洋に向けてようやく港を出るところだ。ところが当の本人の意識は「もう三十」で、本気で高校生の若さをうらやましがっている。

これが何とも可笑しく、

「おまえだって若造じゃないか」

笑おうとして、私はその言葉を飲み込んだ。これとそっくり同じセリフを、過日、関西某寺の先代住職が私に言ったことを思い出したからだ。

「あんた、いくつになった？」

お茶をご一緒していて、先代に問われた。

「七十になります」

「若いなァ。わし、来年で九十やで」

顔をしかめてから、こう続けた。

「あんたの若さやったら何だってできるやないか。うらやましいなァ」

七十の声を聞いて「若い」と感嘆されたことに驚き、

「もう歳ですよ」

あわてて手を振ると、

「なに言うてねん。人生、これからやないか」

真顔でおっしゃったのである。

このときのことを思い浮かべながら、「若い」とは絶対値ではなく、相対値であることを思い知らされた。九十代から見れば七十代は若く、七十代から見れば五十代は若い。さらに四十、五十の実年世代から見れば二十、三十代は若造である。三十になる黒帯の若手から見れば、高校生は「若くていいよな」と嘆息することになる。何歳であろうと、すべて「若い」のだ。実年世代を「若い」とうらやむ還暦以降の私たちは、う、ら、や、ま、れ、る、年、代であるということなのである。

安藤昇さんと言えば、戦後の混沌とした時代に東興業（安藤組）を率いるヤクザ親分として波乱の昭和を駆け抜け、映画俳優に転じて一時代を画した。二〇一五年十二月十六日、満八十九歳で逝去したが、私は作家業のかたわら、安藤さんと一九九二年に新たな事務所を立ち上げるなど氏の晩年にそばにいた。

安藤さんが亡くなる年の秋口のことだ。昼食に向かうクルマのなかで、安藤さんがふと思い出したように言った。

「事務所を開いて二十三年になるのか。ということは、当時、俺は六十半ば。若かったんだな」

だが当時、安藤さんは「俺も歳だよ」「元気なんか、あるわけないだろう」「若いころ、大晦日の夜に七人の女を回ったもんだ」——そんなことを言っていた。ところが八十九歳になって六十代をふり返って、「若かったな」と評したのだった。

人生は「昨日」にもどって生き直すことはできない。すなわち年齢に関係なく、「いまこの瞬間を生きている自分」こそが一番若いということになる。ところが、このことに気づかず、年齢を加算して「もう歳だから」という言葉を口にしてしまう。

（あのころは若かったな）

という懐古の思いは、いまが何歳であれ、これから五年、十年、二十年先になって必ずいだく。逆説的に言えば、「若かったな」とふり返る年代を、私たちは今、生きているのだ。

「もう還暦だから」

「もう古希だから」

と年齢の前に「もう」を冠するか、反対に「まだ還暦」「まだ古希」と「まだ」を冠するか。「もう」と「まだ」は表裏一体であり、どっちを選ぶかで晩年の人生はまるっきり変わってくる。

今日より若い明日はないのだ。

02

老いは人それぞれの心に棲む

江戸時代の平均余命は、五十歳とも六十歳とも言われる。現代より二、三十歳ほど若い。となれば、武士は四十、五十でリタイアして、あとは楽隠居——と思いきや、そうではない。江戸後期にあたる天保五年の記録によると、七十歳を超えて江戸城に勤務する役人は約五十人。最高齢は西丸槍《やり》奉行の堀直従で九十四歳だったそうだ。各藩の多くも隠居は七十歳以上。当時の平均年齢をはるかに超えていて、現代の年齢感覚からすれば定年は九十歳ということになるだろう。

武士は健康で末永く主君に奉公することを使命とするため、勝手に〝退職〟することは許されなかった。老齢を理由とするリタイアは七十歳以上、病気引退は四十歳以上でなければ請願そのものができなかったのである。言い換えれば、「加齢＝老後＝リタイア」という画一的な価値観でなく、「死ぬまで現役」が彼らの矜持であり、人生観でもあったということになる。

こうした年齢観は武士に限らない。たとえば、天才絵師として世界的に知られる葛飾北斎がそうだ。江戸時代後期の浮世絵師で、生涯に三万点を超える作品を世に出したが、代表作として著名な『富嶽三十六景』は七十三歳のときの作品である。

北斎に老後の意識など微塵もなく、「七十歳までの絵は取るに足らない」と言い切った。そして翌年、『富嶽三十六景』に続けて『富嶽百景』を発表し、その跋文《ばつぶん》（あとがき）に、百十歳までの目標をこう記す。

「七十三歳にして禽獣虫魚の骨格、草木の出生を悟り、八十六歳にして（その技法）ますます進み、九十歳にして奥意を極め、百一歳にして神妙ならん。百十歳にして、一点一格が生きるがごとくならん」

くり返すが、この跋文《ばつぶん》は平均余命が五、六十歳と言われる江戸時代のものである。本気で百十歳まで生きると思ったわけでもないだろうし、願望とも考えにくい。おそらく北斎は、自分の技量は年齢を増に比例して、さらに上達していくのだという自信と誇りを高らかに宣言して見せたのだろう。北斎の描く鍾馗図《しょうきず》は、六十代よりも八十代のほうが細部に迫力があり、表情も勝っているとされる。最高傑作の一つとして世評の高い「富士越龍図」は北斎が亡くなる前年、八十九歳の作だった。

もう一人、「死ぬまで現役」を貫いた人間を紹介しておこう。北斎より十五歳下で、やはり江戸後期に活躍した伊能忠敬である。

忠敬は、下総の佐原（現千葉県香取市）で事業家として成功したあと、四十九歳で家督を長男に譲る。築いた財産は一説には三万両――現在の貨幣価値で三十億円とも四十億円とも言われる。贅沢三昧の隠居生活を送ることができたが、忠敬はそうはしなかった。五十歳で江戸に出ると、わが子ほども歳が若い三十一歳の天文学者・高橋至時に懇願して弟子となり、天文・暦学を学びはじめるのだ。

現代の〝年齢感覚〟で言えば、会社を定年退職した還暦人間が財産のすべてを子供に譲り、かねて興味を持っていた分野の学校に入ったようなものだ。そして十七年をかけて日本全土を踏破し、実地測量による日本初の全国地図を作成し、歴史にその名をとどめることになる。北斎も、忠敬も、悠々自適の「老後」が約束されていたにもかかわらず、それに甘んじることを善《よし》としなかった。いや、そもそも「老後」という発想が彼らにはないと言っていいだろう。彼らにとって人生はゴールのないマラソンのようなもので、ひたすら走り続けたのである。

死が訪れるまで全力疾走した北斎や忠敬の生き方を見ていると、僧籍にある私は一本のローソクを思い浮かべる。ローソクは、新しく立てた長いローソクも、短くなったローソクも同じように炎を燃やす。長さと炎の勢いはいっさい関係しない。ローソクの長さを年齢、炎を情熱に見立てれば、そっくり私たちの人生になる。

安倍晋三総理の突然の辞任で、二〇二〇年九月、菅義偉さん、石破茂さん、岸田文雄さんの三氏が自民党総裁選挙で争ったが、選挙を実質的に動かしたのは二階派を率いる二階俊博幹事長（八十一歳）、麻生派の麻生太郎副総理・財務大臣（七十九歳）、そして自民党の重鎮で最大派閥である細田派の細田博之さん（七十六歳）で、彼らに担がれて菅義偉さんは七十一歳で勝負に出たといわれる。二階さん、麻生さん、細田さん、菅さん四氏の年齢を見れば、ローソクの長さと火の勢いはいっさい関係しないということがおわかりだろう。

岸田文雄さん、石破茂さん両氏はともに六十三歳だが、〝負け戦〟を承知で「次ぎ」を見据えての出馬であった。岸田陣営の地元広島のベテラン県議は、「今回は勝負ありかもしれないが、岸田さんはまだ若く、将来がある」というコメントの記事がある。六十三歳は「まだ若く」の年齢であり、まさに「人生、これから」なのである。

仏語に「心外無仏《しんげむぶつ》」という言葉がある。仏《ほとけ》は心の外にはいないということから、「仏は自分の心に棲む」という意味だが、私はこれをもじって「心外無老」と呼ぶ。「老後」という実体はなく、老いは人それぞれの心の裡《うら》に棲《す》むのだ。

03

人生レースは往路より復路が面白い

若いころにもどって人生をやり直すことができたら、もっと素晴らしい人生になる。誰もがそう思うだろう。だが過去にさかのぼってやり直しすることは不可能だ。ならば過ぎ去った人生は取り返しがつかないのか。答えはノーである。

還暦を区切りとして人生の総括をするのは、定年以後を一律に「老後」とした古い時代の考え方であって、私たちは還暦以後の三十年以上を生きていく。還暦までは人生のトライアル期間なのだ。人生の酸いも甘いも嚙み分け、トライアル期間の経験を還暦以後に活かすことによって、人生はやり直す以上にもっともっと素晴らしくなるのだ。

たとえば、菅義偉新総理だ。その人柄や政治手腕、苦節の半生について記事や論評はゴマンとあるが、私が注目するのは、菅さんが麻生政権末期、自民党選挙対策副委員長時代に語った次の言葉だ。横浜市議会議員選挙に初出馬したときをふり返り、ノンフィクション作家の豊田正義さんのインタビューにこう答えている。

「自民党は公認選びが二転三転して、混乱を極めていたわけです。無所属で出る私に、混乱の責任をとって立候補を取りやめろと迫ってきた人もいました。自民党の悪いところ嫌なところはこのときすべて見ました」

小此木彦三郎さんの秘書として十一年間を尽くしながら、菅さんは自民党のこの冷たい仕打ちに耐え、土壇場で自民党公認を得て初当選を果たすのだが、

「自民党の悪いところ嫌なところはこのときすべて見ました」

という一語に、菅さんの人生観と生き方が見て取れる。

すなわち、自民党の嫌悪すべきところをすべて見ながらも自民党にとどまったのは、この経験を活かすという発想があったからだろう。学閥にも閨閥にも恵まれない菅さんだからこそ、ゴールを目先でなく晩年に定め、経験を糧とし、「いずれの将来」を虎視眈々とうかがっていたということが、この一語から読み取ることができる。人生レースの「往路」でコースを頭に叩き込み、「復路」で勝負を懸ける。「人生レースは往路より復路が面白い」というのは、そういうことなのだ。

日本では、還暦祝いに頭巾《ずきん》やちゃんちゃんこなど赤色の衣服を贈る習わしがある。近年では赤いベストやセーターをプレゼントしたりするが、なぜ赤色かといえば、古来より日本では赤色は魔除けとされ、赤ちゃんが生まれると赤い産着を着せたことに因《ちな》んだもので、

「生まれたときに還《かえ》る」という意味を込めてプレゼントする。

すなわち、六十歳は「オギャ！」と生まれ直した一歳児――すなわち「人生の復路」がはじまるというわけだ。

男性の平均余命が約八十歳で、女性のそれは約九十歳となれば還暦から三、四十年。二十歳前後で社会に出て定年までの期間に匹敵する。まさに「人生の復路」であり、「往路」で得た経験を存分に活かすことでゴールのテープを切ることもできるのである。

現在、薬師寺長老である安田暎胤さんが管主のころ、薬師寺東京別院で何度かお目にかかったが、年齢ということについて、こんなことをおっしゃった。

「芸術家は七十代の作品が最高だと言われますが、坊さんでも、同じ説法なら、若僧よりも老僧のほうを聞きたがるものです。歳を取っているということは、それだけ人生の年輪がありますから、体験にもとづいた話だと思ってくださる。ところが、若僧はそうは思われない。どんな立派なことを話しても、〝若造が何を言っている〟と軽くあしらわれてしまう。一般の人も同様で、経験において若者に勝り、社会的信用において若者に勝り、自由な時間において若者に勝る」

人生の醍醐味は、還暦からはじまるのだ。

04 「もしも」という問いかけは「過去」と「未来」に対してするもの

選択と決断の日々。

これが人生である。

昼に何を食べるかということからはじまり、進学、就職、転職、結婚、離婚、さらに大病を患い、手術すべきかしないかといった人生の一大事まで、私たちは常に選択し、決断しながら毎日を生きている。選択に迷って答えが出せないときや、決断に自信が持てなくて足がすくむとき、占いに頼ったりもするだろう。

軽はずみの選択であれ、熟慮の末の決断であれ、人生が順風に乗って好天を航海することは少なく、時化《しけ》の海を行くがごとく翻弄される。その時々の選択や決断が正しかったとしても、時代が変わり、状況が変われば結果として間違った選択だったという経験は誰しもあるだろう。嵐を覚悟して出港したところが、外洋に出ると晴天に恵まれたということもある。人生はわからないのだ。

知人女性でフリーライターのK子さんは、高校の同窓で中小企業メーカーに勤めていた男性と交際していたが、取材で知り合った一流大学出のエリート商社マンに求婚され、迷った末、商社マンと結婚した。給料や将来性など生活環境をくらべれば、元彼とは天と地ほどの差があった。

ところが結婚して五年ほどして人生は暗転する。夫に女ができ、離婚。幼児をかかえてシングルマザーになり、雑文を書いて生計を立てている。月々の養育費はもらってはいるが、出版不況の時代にあって生活は楽ではなく、将来を考えると暗澹たる気持ちになるという。

「結婚相手を間違ったみたい」とこぼすが、周囲の誰が見ても、あの時点において彼女の選択は正しかったはずなのである。

人生を結果論で評価すると、後悔が頭をもたげてくる。たとえて言えば競馬の結果を見て、レース前をふり返るのと同じなのだ。大本命が絶対に一着になると予想しながら負けたとき、馬券を買った人は後悔する。どんなに予想が正しくとも、それはレース前において正しいということだ。

一方、穴馬を買って馬券を的中させたときはどうか。これもまた、「もっと買っておけばよかった」と歯がみする。うまくいってもいかなくても、私たちは過去をふり返れば、大なり小なり後悔するようになっているのだ。

人生をネガティブに考える人は、過去をふり返り、過去に対して「もしも」という問いかけをする。

「もしも、あのときこうしておけば」という思いは後悔である。

だが、この問いかけと後悔は「結果」をもとにしたものであって、心を苛《さいな》み、明日への活力と気力を削いでしまう。

ポジティブに考える人は違う。「もしも」という問いかけは「現在」と「未来」に対してする。

「もしもいま、こうであれば」

「もしもいま、この行動を起こせば」

「来年に向けて、もしも自分がこうすればどうなるか」

そして、この「もしも」にしたがってアクションを起こす。決して結果論で過去を評価しない。過去をふり返れば「後悔の山」であり、それは現在と未来に対して何らプラスの意味を満たないことを知っているからである。

05

過去は変えることができる

人生を過去にさかのぼってやり直しができない以上、過去を変えることはできない。赤っ恥をかいた失敗も、裏切られて歯がみした苦い経験も、あるいは反対に恩義ある人を裏切った忸怩《じくじ》たる思いも、いまさらどうなるものでもない。

《恥の多い生涯を送ってきました》

とは、不朽の名作とされる太宰治『人間失格』の書き出しだが、誰しも半生を振り返れば、人間関係や境遇において、怒りや慚愧の念が沸々と起こってくることだろう。

過去は本当に変えることはできないのか。

浄土真宗本願寺派勧学・梯《かけはし》實圓《じつえん》師に、こんな言葉がある。

過去は変わります。

過去の事実は変わらないが、過去の意味は変わります。

過去の意味が変わると、過去の景色が変わります。

事実はどう意味付けられるかによって、評価と受け取り方が違ってくる。すなわち解釈や思いが変わることで、不変のはずの過去の事実そのものが変わってくると、梯師の言葉を読み解くことができる。具体例をあげよう。

私が傾聴ボランティアをやったときのことだ。傾聴ボランティアとは「聞き役」になることだ。相手は介護施設に入居する高齢の元小学校校長。東北出身で、息子さんのところに同居していたが、介護が必要になり施設に入ったということだった。仏教の話ができる人という要望で、私に依頼がきたのである。元校長はベッドに横になり、仏教について私に問いかけ、私が思うところを話すといった形で傾聴していたが、何回目だったたか、

「うちは母ひとり子ひとりの母子家庭でしてね。小学生のころ、我が家に遊びに来た友達が小さな笛を忘れて帰ったことがあるんです」

と、問わず語りに幼少のころの思い出を語りはじめた。

「私はその笛が欲しくて隠した。盗んだんです。そのことを知った母親が怒った。〝そんな子は死んでしまいなさい〟と言って、私を家のすぐ近くに流れていた川に投げ入れようとしたんです」

必死に抵抗し、泣き叫び、許しを乞い、笛は友達に返したが、「死んでしまいなさい」と怒った母親を恨んだ。

「きっと僕のことを嫌いなんだ——ずっとそう思って生きてきた。母親が亡くなったときも、涙はでなかった。だけど、いまこうしてふり返ると、母親があのとき死ねと言って叱ってくれなければ、私は不良の道に入っていたと思う。母親のおかげで、私はまっとうな道を歩み、教職に就けたんですね」

言葉を切ってから、

「それなのに、私は母親の気持ちも知らず、ずっと憎んで生きてきた。そんな自分が私は悲しい……」

嗚咽した。川へ投げ入れようとした事実は変わらずとも、母親は自分を嫌ったのではなく、愛してくれていたことに気づいたことで意味はまるっきり変わった。これが「過去の景色が変わる」ということであり、「過去は変わる」ということなのである。

過去にさかのぼって事実も人生も変えることはできない。だが、「現在の自分」が変わることによって「過去の自分」も変えることができるのである。

06 引退はなく、「新しい自分」になる

人生の節目を迎えると、「新しい自分」を生きてみたいという思いをいだく。二十歳のときにもあったし、三十歳、四十歳と新たな年代になるときもあった。だが、定年をともなう還暦には特別な思いがある。

では、どうやれば「新しい自分」「新しい人生」に変えることができるのか。

結論から言えば、日常生活を変えるのだ。いま生きているこの刹那の総量を人生とするなら、日々の処し方——すなわち、日常生活というルーチンをほんの少し変えることによって自分と人生を変えることが可能になる。

風水の第一人者であるドクター・コパさんと仕事でご一緒したとき、コパさんは一つの方法として、「日常を非日常に変える」ということをおっしゃった。

一例としてお茶をあげ、

「お茶を飲むのは《日常》ですね。だから断てば《非日常》になります。そして、この《非日常》の生活が体内環境を変えるため、これまでとは違った視点と発想で自分を見る

ようになる。おのずと人生は変わっていくわけです」

コパさんによれば、風水は「環境開運学」だそうで、環境とは大気から職場、学校、家庭など、その人を取り巻くすべてを言うが、意外に見落とされているのが、その人自身——すなわち、「体内環境」なのだと言う。

風水について門外漢だが、ルーチンを変えることが自分を変え、結果として人生も変わっていくということに、私は我が意を得たりという思いだった。同じことを俳優の金子信雄さんが言っていたからだ。

私は週刊誌記者時代、金子さんの連載対談を担当し、金子さんのホームグラウンドであった阿佐ヶ谷をご一緒によく飲み歩いたのだが、ある夜のこと。

「人生を変える方法を教えようか。それはね、たとえば駅に向かうときなど、いつもと違う道を通るんだ。騙されたと思ってやってごらん」

馴染みの鮨屋で、そんなことをおっしゃった。

金子さんは、ご自宅のある杉並区浜田山から自転車を漕いで阿佐ヶ谷に出没していた。いつもは最短距離を行くのだそうだが、遠回りになっても意識して道順を変えてみると、「へぇ、こんなところに公園があったんだ」と新鮮な発見があり、これが刺激になって舞台など発想のヒントになると言った話をした。

冗談の大好きな金子さんなので、どこまで信じていいのかわからず、若かった私は聞き流したが、齢を重ね、環境が人格と人生を大きく左右することを知るにつれ、金子さんの「人生を変える方法」に合点した。コパさんは風水、そして金子さんは経験則を通して同じことをおっしゃっているのである。

だが人間は、なかなか日常を変えることはできない。〝お茶断ち〟ひとつとってみても、継続するとなるとなかなか難しい。変化を受け入れず、現状に固執する心理傾向を、心理学では「現状維持バイアス」というが、日常の一コマを継続的に変えるというのは思った以上にハードルが高いのである。

では、どうすればいいいか。

継続可能な高さにハードルを設定するのだ。〝お茶断ち〟で言えば、完全に断つのではなく、「朝の一杯だけをやめよう」と、持続可能な変化を自分に課せばいい。ところが私たちは、「朝の一杯だけじゃ、効果がないだろう」と考える。これが継続を阻み、三日坊主で終わる最大の原因なのだ。

元中日ドラゴンズの左腕・山本昌投手は二〇〇八年、史上最年長での二百勝を達成。

「中年の星」と呼ばれ、二〇一五年十月、NPB史上初となる五十代で登板し、これを花道にして引退する。その山本投手と仕事でお会いしたとき、〝継続のコツ〟について、こんな自論を口にした。

「目標値を設定してそれを継続しようとすると、たいてい三日坊主で終わり、〝自分は意志が弱い〟と落ち込むことになる。僕はそうではなく、継続できるかどうかから逆算して目標値を決めるんです」

毎朝走るなら、「何キロだったら毎日続けられるか」を考える。だから思い切って距離を短くする。五キロを目標にしたいと思ったら一キロにする。これだったら、雨が降ろうがヤリが降ろうが継続できるからです——そう言った。

三日坊主で終われば挫折感に苛まれて逆効果にもなるが、〝低いハードル〟であっても継続することで自信が生まれてくる。この自信が何より精神力を強くするというわけだ。

ルーチンとは継続のことであり、そのルーチンを変え、自分を変え、人生を変え、そして過去までも変えるのもまた「継続」なのである。

07 改めて早起きの効用を知る

日々の習慣《ルーチン》を変える方法は、通勤や買い物に行く道順を変えたり、食べものを変えたり、洗面して朝食という手順を逆にしたり、これまでのルーチンを点検し、「いつもと違う」をキーワードに行動すればよい。多くの気づきを得て、自分を再発見することになる。意識してルーチンを変えようとする、その意識をもって日々を生きる人の人生が変わっていくのは当然のことなのだ。

そこでもし、短期間で劇的に自分を変えたいという人は、早起きへのチャレンジをお勧めする。私自身、実際にやってみて、そのことを確信しているが、早起きで人生が変わったと語る人はいくらでもいる。

たとえば、俳優の哀川翔さんだ。以前、哀川さんを取材したとき、朝四時起きの生活をしていると聞いて驚いたことがある。彼のイメージから、毎夜遅くまで飲み歩いていると思っていたからである。実際、この日は昼間にもかかわらず、彼はビールを飲みながらの取材だった。

ところが、その彼が自宅では八時就寝の四時起きなのだ。早起きの効用については、彼の著書である『早起きは「3億」の徳』（東邦出版）に詳しいが、「まえがき」の一節にこんなのがある。

《早起きは3文どころじゃなくて3億くらいは徳がある。まさに人生が激変なのは間違いないから》

本書には、早起きの効用について、健康のことや家族のコミュニケーション、仕事に対する心構えなどいろいろ書いてあるが、眼目は、まえがきにある「人生激変」の一語だと私は思っている。

早起きになるキッカケは、子供が産まれ、生活のリズムを合わせるために自然とそうなったそうだが、これによって彼自身が人生の「激変」を自覚したことになる。前項で書いたように人生とは日々の積み重ねであり、ルーチンが変わったことで、その総量である人生が変わり、健康や家族のコミュニケーションなど、そこに付随する諸々が変わったということになる。

もう一人、紹介しよう。カレーハウスCoCo壱番屋の創業者・宗次徳二さんである。宗次さんは毎朝三時五十五分に起床、一日の活動をスタートさせ、「早起きは三十億円の徳」とし、事業の成功は早起きにあるとするのだが、興味深いのはコラムの次の一文である。

《もし、現状に不平、不安、不満があるならば、まず自らがこれまでとは明らかに変わることが必要だ。と言っても、今更新たなことにチャレンジするのは難しいかもしれない。しかし、何も難しいことを考えなくて良いのだ。物事は常にシンプルに考え行動し、それをやり続ければ結果が出てくるからだ。私が思う最もシンプルな成功法とは、以前にも述べたように〝早起き〟だと確信している》

キーワードは「自らがこれまでとは明らかに変わる＝早起き」にある。早起きは自分が変わると言っているのだ。私も僧籍を得た二〇〇六年から一念発起して四時起床を続けているが、正直言って早起きはつらい。これは誰しも同じで、中国・清末の政治家である曽国藩は『黎明即起《れいめいそっき》し、醒後《せいご》、霑恋《てんれん》する勿《なか》れ』という言葉を残している。「夜が明けたら、すぐ起きよ。まどろんでいてはいけない」という戒めだが、それほどに早起きはルーチンになるまでつらい。

だが、つらいからこそ、それを継続することで気力が充実し、人生に一本筋が通り、自分は変わっていくという実感が得られるのである。

08
オシャレは自分を変える

早起きはどうしても苦手だと言う人は、ファッションにこだわる方法もある。ファッションにこだわることで自分は確実に変わっていく。「服装くらいで人生が変わるわけがない」と思うのは間違いで、人間はよくも悪くも服装が心のありようを決め、その心が人生を支配するのだ。

たとえばジーパンでパーティーに行って、全員がネクタイにスーツだったらどんな気持ちになるだろうか。「なにを着て行こうと自分の勝手」と居直ることのできる人は稀で、多くはいたたまれない気持ちなるだろう。

高級ブランドでドレスアップすれば自然と胸を張り、気持ちまで豊かになる。反対に大きく染みのついたシャツを着ていれば気おくれする。

「人間は外見じゃない、心だ」

というのはもちろん正しいが、その「心」は「外見」によって支配されているということなのである。

だから服装を劇的に変えれば、それに比例して人生もまた劇的に変わるのだ。

たとえば、いつもダーク系の洋服を着ている人は、赤や黄色など原色系の洋服は購入をためらう。

「お似合いですよ」

と店員さんに勧められても、洋服を身体に当てて鏡を見ながら、

「でも、ちょっとハデだな」

と尻込みをする。「ハデだな」という視点は、自分の目で見ているようでいて、実は周囲の人たちがそう思うだろうという視点で見ているのだ。

「こんなハデな服、いい歳をして笑われないか」

という思いが、これまでと同様の服を選ばせるのである。

ならば、ハデな洋服を着たらどうなるか。この時点で、「いい歳をして笑われないか」という周囲を気にする思いを、自分の意志でねじ伏せたことになる。当初は自意識が過剰になって周囲の目が気になりはするが、次第に馴れていく。この馴れが、すなわち「自分が変わった」ということなのである。

十年前、私が還暦を迎えたときのことだ。最初に考えたことは、自分を変え、これまで

と違う自分になって折り返しの人生を全力疾走することだった。その一つとして早起きをはじめたのだが、もう一つがファッションである。洋服を着るのは必要最小限にし、作務衣と着物で生活することにした。当初こそ、会った相手は「ほう、作務衣ですか」「着物ですか」と話題にしたが、そのうちこの服装が当たり前になっていく。話題にされなくなったとき、私はこれまでと違う自分になったことを意識したものだ。

ハタから見ればこれまでと同じ私であっても、自分が意識する「私」は「新たな私」なのである。

若者は自由にファッションを楽しむ。奇抜な柄やデザインを個性とし、大威張りで着てみせる。だが還暦以降になると、先に記したように「どう見られるか」を気にする。だからこそファッションはおしゃれを超えて、自分を変える強力なツールになるのだ。

09 人生に遅すぎることはない

二〇一八年十月からスタートしたＮＨＫ連続テレビ小説『まんぷく』は、世界で初めてインスタントラーメンを開発した安藤百福さんと、その妻仁子さんの半生をモデルにした物語だ。繊維会社を興して大成功した安藤百福さん夫妻が、破産の辛酸を舐めながらどん底から立ち上がり、世紀の大発明へとたどりつく人生大逆転の苦闘を、安藤サクラさんと長谷川博己さんが夫婦役で好演。視聴率二十七パーセントという大ヒットを記録した。

安藤百福さんが「チキンラーメン」を開発し、日清食品を創業するのは一九五八年、四十八歳のときだ。当時の平均寿命は六十五歳。現在に置き換えれば、還暦以後の年齢と言っていいだろう。「遅い出発ですね」と問われて百福さんはこう言った。

「人生に遅すぎることはない。五十歳でも、六十歳からでも新しい出発はある」

その言葉どおり、百福さんは一九七一年、六十一歳のときに『カップヌードル』を開発、「究極の加工食品」として世界が驚愕する。お湯さえあれば、いつでもどこでも食べられるインスタントラーメンは、世界の食文化に革命を起こしたのである。

二〇〇七年一月、百福さんが九十六歳で亡くなったとき、ニューヨークタイムズは「Mr. Noodle に感謝」という社説を掲載して偉業を讃えた。「老後」と呼ばれてもおかしくない当時の年齢にあって、百福さんは破産で人生を折り返しながら、「復路」を渾身の力で駆け抜け、実業家として頂点を極めたのである。この生き方を『爾今生涯《じこんしょうがい》』と言う。爾今とは「これから、のち」という意味で、この熟語は「人生は常に今がスタート」「何事も始めるのに遅すぎるということはない」と読み解く。百福さんの後半生がまさにそれで、「人生に遅すぎることはない」と語った氏の脳裡には、おそらく『爾今生涯』の四文字があったのだろう。むろん、誰もが百福さんのように大成功するとは限らない。だが、チャレンジなら誰でもできる。年齢に関係なくチャレンジし続ける人間を「現役」と呼び、「歳だから」と白旗を上げた時点で「老後」となるのだ。人生は、火にかけたヤカンのようなものだ。心身ともに壮健な若い時代は火の勢いが強く、ヤカンの水は熱く沸騰しているが、加齢によって火の勢いは次第に衰えていく。火を消した段階で、少しずつ冷めていって、最後は冷たい水にもどってしまうのだ。だが、一度沸騰させた水は、たとえ弱火でも熱し続ける限り温度は下がらない。還暦であれ、古希であれ、「人生に遅すぎることはない」と、第二の人生に挑む人の精神は、若い時代同様、熱くたぎったままでいるのだ。

二章

この「人生観」をもって最強とする

10 ほんの少し「福」が勝るような人生であれば望外な「幸せ」

俳優の梅宮辰夫さんが俳優業のかたわら、「料理人」としてテレビや雑誌で引っ張りだこのころのことだ。私は「週刊大衆」の依頼で、梅宮さんの人生相談シリーズの原稿を担当したことがある。「料理人」に引っかけ、『辰兄ィの「俺は人生料理人」』というタイトルだった。ホンネによる快刀乱麻の回答が人気で、連載は約一年半も続いたうえ、人生相談には珍しく単行本として出版された。

梅宮さんは当時、五十四歳。忘れもしないが、この企画を打診したとき、梅宮さんは赤坂の焼き肉店で、特上カルビに海苔を巻いて食べながら、

「俺もあと数年で還暦だもんな。人生経験が読者の役に立つなら」

そう言って引き受けてくれた。

連載が始まってから伊豆・真鶴にある梅宮さんの別荘にも何度かお邪魔し、都内で一杯やりながら、「人生相談」の回答をうかがうことになるのだが、いまだに強く印象に残っているのは、『禍福は糾《あざな》える縄の如《ごと》し』という梅宮さんの人生観だ。

よく知られたこの格言は、中国前漢の時代、政治家にして思想家の賈誼《かぎ》が『服鳥《ふくちょう》の賦《ふ》』において、

「禍には福が宿っており、福には禍が隠れている。禍と福はよりあわせた縄と同じである」

と、人生の幸不幸の本質を喝破したもので、《塞翁《さいおう》が馬》の故事と同様、不幸な出来事が結果として幸福につながったり、その逆になったりするという意味だ。

ひらたくいえば、「人生、何がよくて何が悪かったかは死ぬときになってみなきゃ、わからない」ということで、梅宮さんは冷や酒をグラスで呑みながらこんな言い方をした。

「幸せだからといって浮かれていると、そのうちドカーンと不幸にみまわれる。反対に不幸だからといって落ち込む必要はない。そのうち思いもかけない光明が射し込んでくるんだ。幸せが不幸のタネなら不幸は幸せのタネってことかな。『禍福は糾える縄の如し』とはよく言ったもんだ」

梅宮さんのこの感慨は、ご自身の体験にもとづいている。実家が都内で梅宮医院を開業していたことから、梅宮さんは跡を継ぐべく大学は医学部を受験するが不合格。日本大学法学部に入学する。ここで人生設計は大きく狂う。

「親の期待に応えられなかったからね。医学部に落ちたときは申しわけないと思った。だけど、もし医学部に入っていたら俺の人生はどうなっていただろう。勉強が忙しくて、銀座なんかブラブラ歩く時間はなかったと思う。俳優にはなっていなかった」

そう語るように、梅宮さんは在学中に銀座でスカウトされ、東映ニューフェイス五期生に合格し、大学は中退する。「不運」が「幸運」を呼び込んだのである。

だが、思いがけず俳優になれはしたものの、主演作は子供向けのヒーロー映画。それでも主演となればたいしたものだが、俳優としては大人向けの作品で勝負してみたい。そういう思いにかられれば、「幸運」は「不運」に暗転する。

ところが、東映が全社をあげて売り出した若手二枚目俳優の波多伸二さんが、デビューから四作目、ロケ先でオートバイの練習中に事故死する。若手の主演級スターが不在になってしまったのだ。他人の不幸を喜ぶわけではないにしても、これが人生の不思議というものだろう。こうして「不運」に暗転していた梅宮さんの人生にチャンスが訪れる。以後、アクション映画や任侠映画で活躍、やがて『不良番長シリーズ』の大ヒットでトップスターに上り詰めていく。

だが、一筋縄ではいかないのが人生だ。一九七四年、ガンに冒され、絶望の淵に立たされる。再婚してひとり娘の可愛いアンナにも恵まれた。夫として、父親として、あのときのショックは言葉では言い表せないとふり返ったものだ。

幸いにも抗ガン剤による化学療法によって治癒するのだが、この「不幸」がやがて「幸せ」に転じていく。

梅宮さんが語った。

「生きるか死ぬかだからね。夜遊びなんかしている場合じゃない。夜はいっさい出なくなった。酒も減らした。料理をするのはもともと好きだから、早起きしてアンナの弁当をつくったりするようになった。そんなことが、やがて〝料理人〟というキャラにつながっていくんだね。人生、何が幸せで、何が不幸かわからない。本当にわからない」

料理人としても人気を博した梅宮さんは、実業家として「梅宮辰夫漬物本舗」「梅辰亭」といったブランドのフランチャイズチェーンを展開していくのだ。

『禍福は糾《あざな》える縄の如し』――すなわち「禍」と「福」が表裏一体となって交互にやってくるとするなら、「禍」と「福」の割合いは五〇対五〇ということになる。〇対一〇〇はあり得ないにもかかわらず、私たちは「福」だけを求める。二〇対八〇でも過分な「福」であるのに、「禍」の二〇に対して不満を抱き、一〇〇にしようと無理をする。だから足元をすくわれることになる。五〇対五〇が禍福の平均値とするなら、ほんの少し――四九対五一で「福」が勝るような人生であれば、それは望外の「幸せ」ということになるのではないか。

連載した梅宮さんの人生相談を、単行本として出版するとき、サブタイトルに《気楽にいこうよ　なんとかなるさ》とつけた。気楽な人生とは、「禍」は万人の人生についてまわるものと達観し、それを甘受する生き方のことで、梅宮さんが人生相談の回答として何度となく口にした言葉からとったものだ。

「競馬でもオリンピックでも、鼻差だろうが勝ちは勝ちなんだね。鼻差でも金メダル。人生も、そういう生き方でいいんじゃないかな」

私がこの言葉を聞いたのは四十二歳のとき。実感として理解でき、生きる指針としたのはそれから十余年後、還暦を目前にしたときのことだった。

11 他人は他人、「我は我なり」の人生観を持つ

プロ野球界で「大沢親分」と呼ばれ、歯に衣着せぬ言動で人気だったのが、大沢啓二さんである。かつて広岡達朗さんが西部ライオンズの監督に就任し、選手の食事まで指導するなど「超管理野球」がメディアで話題になったとき、

「草ばっかり食ってヤギさんじゃあるめえし」

と、野菜中心の食生活に噛みついて話題を呼んだ。

高校時代は悪童で鳴らし、「野球をやってなければ、ヤクザにしかなれなかったかもしれない」と語る熱血漢である。野球部推薦で立教大学へ進学、卒業後は南海ホークス、東京オリオンズで活躍して引退。ロッテ、日本ハムで監督を務める。本音トークの野球評論家として多くのファンがいた。

こんな大沢親分であれば、ビジネスマンに向けてどんなメッセージを発するか。私が編集企画会社をやっていたころ、このテーマで『できるヤツの和忍断～大沢親分のビジネス渡世学』（双葉社）という本を書いていただいた。「和忍断」とは、人間関係において和を

重んじ、逆境には耐え、ここぞというときは果敢に決断せよ、という意味だが、語りは〝べらんめぇ調〟で、大沢親分の人柄は本書の次の一文が端的にあらわしている。

少し長くなるが、還暦に向けたメッセージを紹介する前に、大沢親分の人生観として紹介しておきたい。

《上司にポンポンと肩を叩かれて、

「明日から来なくていいよ」

いきなりこう言われたら、誰だって目の前、真っ暗になっちまうわな。

家のローン、子供の教育費……、いや、それどころか、明日からおまんまの食いあげだ。再就職ったって、このご時世、おいそれと雇ってくれるところなんかありゃしねぇ。「リストラ」なんぞとカタカナ使えば聞こえはいいが、要するにクビってことで、ヘタすりゃ一家して路頭に迷うことになる。不安だろうし、明日からのことを考えたら、夜だって眠れないわな。

だが、伸びるヤツは、ここからが違うんだ。

「これも人生。新たなチャンス」

と前向きに考える。

「リストラされたことで、別の人生にチャレンジできる」

と、自分の都合がいいように考える。

ウジウジ悩んだところで、どうなるもんでもないことを知っているからだ。それに、よしんば長く勤められたとしても、リストラになるくらいだから、一生うだつはあがりゃしないよ。だったら「リストラ結構、よくぞ新たなチャンスを与えてくれた」――と感謝するくらいの図太い神経が欲しいわな》

こんな大沢親分であれば、いまのITブームについて、どんなふうに語るだろうか。還暦以後の人間にとってITはハードルが高く、「老い」を感じる一因にもなっている。大沢親分宅に取材で通っていた当時、携帯電話を持つのがすでに当たり前になり、IT時代の幕開けと呼ばれていたが、大沢親分は決して時代に迎合しなかった。

「このあいだ渋谷の喫茶店で、茶髪娘が携帯電話片手に親指をちょこまか動かしているんだ。電卓代わりに使ってんのかと思ったら、違うんだ。メールってのを送ってんだって俺の連れが教えてくれた。それが早ぇんだよ、親指の使い方が。感心していたら、ああいう連中を〝親指族〟って言うんだってな。

だけど、IT革命だか何だか知らねえが、あんなものが革命と呼ぶほど大事なものなのかい？　メールのねぇ時代でも、オレたちは充分に幸せだったぜ。俺も携帯電話を持つようにいろいろなヤツから言われてるんだが、断ってんだ。携帯電話なんか持たなくったって、何の不便もないし、だいいち使い方が覚えらんねえよ。

それと、パソコン野郎たちに、ぜひこのことは言っておきたいんだが、人間ってのは、コンピュータが逆立ちしても及ばない素晴らしい能力を持っているんだ。その一例が洞察力だ。洞察力ってのは、見抜くって意味だ。何を見抜くかというと、コトの本質さ。スポーツやビジネスでいえば〝人間の本質〟がそれに当たるな。同僚、上司、取引相手など人間の本質を見抜き、それを仕事に活かす――こういう能力はコンピュータにはないんだな」

ＩＴはもちろん大事で、操作できるのに越したことはない。だが、時代に遅れるからという〝受け身の発想〟は大沢親分にはない。言葉を変えれば「我は我なり」の人生観であり、これも「最強の生き方」の一つなのである。

12
人生の〝足枷《あしかせ》〟をはずすとき

気持ちの切り替え一つで、晩年の人生は劇的に変わる。このことに気づかず、これまでの自分を引きずって生きている人は少なくないのではあるまいか。

人生の不条理や矛盾に苦しみ、晩年はもっと違う人生、もっと違う自分を生きてみたいと願うなら、思い切って価値観を変えてみることだ。これまで引きずってきた足枷が断ち切られ、軽やかな歩みとなって前に向かって歩いて行けるだろう。

十六歳で歌手デビューした島倉千代子さんは、『この世の花』『東京だョおっ母さん』『愛のさざなみ』『人生いろいろ』といった大ヒットを世に送り出し、ＮＨＫ『紅白』に史上初の三十回連続出場、そのうち六度のトリを務めるなど、昭和歌謡を代表する歌手として知られる。

だが、強烈な光源の背後に漆黒の闇が広がるように、煌《きら》びやかなスポットライトを浴びてきた島倉さんは、私生活において多くの不運に見舞われた。失明の危機、泥沼の離婚劇、連帯保証による借金地獄、乳ガン、そして発声の危機……。「人生の苦労」という翳《かげ》が常につきまとい、彼女もそんな人生にもがき苦しんでいた。

その島倉さんが還暦を境に突如、変身してファンを驚かせることになる。金髪のカツラをつけてライブハウスで歌い、〝ヘソ出し〟のステージ衣装で舞台に立ち、コンサートではヒップホップダンスを披露。何かが吹っ切れたような大胆なステージを見せてファンを沸かせた。

そのころ出演した『ベアーズチョコ』のCMも話題になった。文字ではCMのコミカルさが伝わりにくいが、「チョコ」と「千代子」をひっかけ、

千代子の中に熊がいる
千代子の中に熊がいる
♪チョーコのなーかにクマのグミ〜♪

これまでの彼女とガラリと違うイメージが話題になり、CMは人気を呼んだが、イメチェン戦略にしては大胆すぎるのではないか。

（還暦を過ぎた島倉千代子に何があったのか？）

それを知りたくて、当時、女性週刊誌に人物記事を連載していた私は取材を申し込んだ。彼女が六十三歳のときだった。

取材に先立って資料を読むと、島倉さんは内輪では「看板」と呼ばれていた。「うちの看板が」といった言い方をする。「看板歌手」の意味だった。「看板」と呼ばれることを抵抗なく受け入れるところに、大歌手としての自己顕示のようなものを感じた。それで、取材で会って開口一番、この呼び方について質問すると、彼女はこんな言い方をした。

「歌い手はレコード会社やスタッフの方々にとって〝看板〟のようなものです。看板がしっかりしなかったら、みなさんにご迷惑をおかけします。だから私は〝売れる看板〟でなければならないと自分に言い聞かせているのです」

その自戒を込めて、「看板」と呼んでもらっているのだと言った。

(この人は人生を語れる)

それが第一印象だった。

では、なぜ突如、変身したのか。

彼女は少しはにかむように笑って、

「残された人生を、もっと自由に生きてみたいから」

そう言ったのである。

このひと言に、還暦までの半生が凝縮されている。不運を背負った国民的歌手は、まさに〝看板〟として世間と対峙し、ひたすら「島倉千代子」を引きずって生きてきた足跡が見て取れる。

五十五歳で乳ガンの手術を受け、術後の放射線治療によって声量が落ちたときは歌手生命の危機にさらされ、一晩中、泣き明かしたと言う。

「このとき、もうひとりの自分に問いかけたんです。いままでなんのために苦労してきたのか、泣いて終わる人生でいいのか、って」

還暦を前に一念発起してボイストレーニングを受けて復活するのだが、こうした体験から「残された人生を、もっと自由に生きてみたい」という決意になっていったのだろう。

還暦以後の「島倉千代子」の笑顔を注視すると、顔から翳が消え、何かが吹っ切れたように見える。気持ちの切り替えひとつで、これまで引きずってきた〝人生の足枷〟が断ち切れるということを、彼女の〝イメチェン〟は私に教えてくれるのである。

13 自分の〝物差し〟を捨ててみる

歳を取ると、なぜ頑固になるのか。

自分の価値観に固執し、否《いな》と断じたものは決して受け入れず、排除しようとするからである。

若いときはそうではない。自身の価値観にゆらぎがあるため、年長者の意見や助言を聞き入れる余地がある。ところが年長者になるにつれて価値観は固定されていき、自分の物差しから外れれば「それは違う！」となり、合致したと思えばみんなが否定しても、「正しい！」と断じて譲ろうとしない。だから周囲から敬遠されるようになっていくのだ。

自説を貫くことは大事だが、百人いれば百通りの価値観があるため、相手は容易に与《くみ》しない。若いときであるならツノを突き合わせ、相手をネジ伏せることも大事だが、還暦を迎え、人生の残り時間に思いを馳せる年齢になれば、そんな非効率なことはしてはいけない。ネジ伏せるのではなく、相手を手のひらに乗せ、自在に転がし、最後は自分が意図した方向へもっていくのだ。これが、人生経験を経て人間心理に通じた還暦以降の生き方なのである。では、どうすればいいか。

ヒントは、死後二十七年が経っても絶大なる人気を誇る田中角栄元総理だ。角栄さんはロッキード事件で自民党を離党した以後も、キングメーカーとして国政を動かした。私は角栄さんについて何冊か著書があるが、彼の原動力は人心収攬術である。金権政治と批判もされたが、お金は情が絡んで初めて生きてくる。そういう意味で角栄さんは相手を自分の手のひらに乗せ、自在に転がし、総理にまで上り詰めたと言っていいだろう。

お金と情のエピソードの一例として、こんなのがある。自民党他派で〝田中批判〟を繰り返した代議士が入院したときのこと。角栄さんは病室に見舞うと、ベッドに横たわる代議士の足もとに、そっと分厚い袋を入れて帰った。代議士は袋を開けて驚く。札束がいくつも入っていたのである。角栄さんは退院まで五回も見舞い、その都度、分厚い袋を足もとに入れて帰った。以後、この代議士は田中批判をしなくなった。お金で転んだのではなく、

「政敵陣営である自分に、そこまでしてくれるのか」

という角栄さんの器の大きさと情に参ったのである。

これがもし、「見舞金だ」と言ってポーンと差し出したらどうだったろうか。

（彼も喜ぶだろう）

と考えるのは、「自分の物差し」である。

これに対して、

（俺を激しく批判している人間に大金の見舞金を差し出せば、足もとを見られたと思って怒るのではないか。ここは黙って、そっと置いて帰ろう）

こう考えるのは「相手の物差し」である。角栄さんの人心収攬術とは「自分の物差しを捨て、相手の物差しで推しはかる」ということに尽きるのだ。

過日、私は年配の男性が〝歩きスマホ〟の若者と路上でぶつかるところを見た。

「危険だと、あれほど注意喚起されているじゃないか！」

年配の男性は怒った。正論である。だが、叱責する感情は「自分の物差し」だ。男性の怒りの根源は、「歩きスマホは危険だ」ということではなく、

「あれほど注意されているのに、おまえはなぜやめない！」

という腹立たしさにある。

それを肌で感じるから若者も怒る。

「てめぇなんかに言われる筋合いはねぇ！」

ケンカになりかけたので私はとめた。

これが角栄流であれば、

（どういう注意の仕方をすれば、この若者は素直に聞いてくれるだろうか？）

と「相手の物差し」で考え、

「危ないよ。私が避ければよかったんだけど、歳でねぇ。避けそこなっちまった」

笑顔を見せて言えば、若者の態度も変わっていたはずである。

すでにお気づきのように、精神的な余裕があって初めて「相手の物差し」で見ることができる。逆説的に言えば、「自分の物差し」を捨て、「相手の物差し」で接することができる人には精神的な余裕があり、一見すれば主体がないように見えながらも、相手を手のひらで転がすという最強の生き方でもあるのだ。

これまで他人とツノを突き合わせるようにして生きてきた人は、還暦を境として、角栄流で生きてみてはどうだろう。楽に生き、しかも思いどおりに相手を転がしていく。愉快な人生になるのだ。

14 人生を蝕むネバネバ病、キャキャ病、ばっかり病

『巨人の星』や『あしたのジョー』『空手バカ一代』『愛と誠』など、不朽の名作を世に送り出した劇画作家の梶原一騎さんが、暴力事件容疑で逮捕されたころのことだ。縁あって、梶原さんの連載エッセイや単行本の仕事を手伝った時期がある。

病気で梶原さんが亡くなるのは一九八七年一月二十一日のことだが、その十日ほど前だったろうか。伊豆の別荘から拙宅に電話があり、

「単行本の企画を思いついたので、週明けの月曜日、大泉の家に来てくれよ」

弾んだ声が最後の会話となった。

約束の月曜早朝、夫人から電話があり、

「梶原は風邪でも引いたらしく、体調を崩して伏せっているので、お約束はキャンセルして欲しいと申しています」

単行本の企画が何であったかわからぬまま、それから二週間ほどして梶原さんは五十歳で不帰となる。

劇画作家として一時代を築いた人だけに、一言半句が示唆に富んでいて、若い私には目からウロコでずいぶん勉強になった。

「用もないのに走るのは人間だけだ」

エサを獲るわけでも、命の危険から逃れるわけでもなく、健康だの趣味だのといった理屈をつけ、用もないのにハーハーと息せき切ってランニングする人間を揶揄して言った言葉だった。

「俺は意地悪で編集者に無理難題を吹っかけているわけじゃない。作家は命懸けで原稿を書いているんだ。編集者だって命懸けで作家に接するべきだ」

自分は楽をしておいて、相手に労苦を強いてはならない――そう言っているのだ。

あるいは人間は損得で動くということを、

「いいかい、世のなかでタダで動くのは地震だけだぞ」

といった言い方で諭《さと》してくれたりもする。人に頼み事をすれば対価が発生する。そのことをキモに銘じておけというわけだ。

そんな諭しのなかで、梶原さんのこんな「生き方論」をいまも忘れない。

「人生を蝕《むしば》むのは〝ねばならない〟という生き方だ。仕事をせねばならない、カネを稼がねばならない、出世せねばならない……。若いうちはそれでもいい。それがプレッシャーになって頑張りもする。だけどな、五十を過ぎ、六十を過ぎ、人生の折り返し地点まできたら、〝ねばならない〟という生き方はやめることだ」

そんな話をしてから、まだ私が四十歳前だったので、五十、六十の話は早いとでも思ったのだろう。

「だからだな」

と、たとえを転じて、

「胃を壊してビールを飲んではいけないと医者から止められたとする。だけど飲みたい。飲みたいが、飲んではならない——つまり〝ねばならない〟が自分にブレーキをかける。これがストレスになる。むしろ量を決めて飲んだほうが身体にはいいんだ」

といった話をしてくれたのだった。

梶原さんが亡くなって三十三年が過ぎ、私は古稀を迎えた。人生経験を経る過程で人間の精神を蝕むのは、梶原さんが教えてくれた「ねばならない」に加えて、「やらなきゃ」の〝きゃ〟と、「私ばっかりがどうして？」という〝ばっかり〟の二つがあることに思い至り、私はこの三つを「ネバネバ病」「キャキャ病」「ばっかり病」と名づけた。

梶原さんが言ったように、若いうちは精神的に苦しくても、この三つの病は自分を奮い立たせる力になることもあるが、還暦以後は逆だ。

「老後の資金を貯めなければ」

「健康に気をつけなきゃ」

「どうして私ばっかりが苦労しなくちゃいけないの」

この思いは決して奮い立つ力にはならず、絶望のなかに自分を落とし込んでいくことになる。還暦からは「ネバネバ」「キャキャ」「ばっかり」という自問を追い出し、

「できる範囲でやればいい」

「苦労はみんな同じ」

と笑える人生観が持てるかどうか。

いや、たとえ持てなくても、そう自分に言い聞かせることのできる人が強いのだ。

15 「昔の自慢話」は自分の首を絞めることになる

加齢に比例して「昔の自慢話」が多くなる。現役時代の活躍であったり、勤めていた会社の自慢であったり、趣味や出身校、さらに我が子や親類縁者のことまで、それぞれの立場に応じて自慢の昔話を得々とする。自慢を自己存在の証と考えている人は、歳を拾って新たに自慢することが獲得できなくなれば過去を持ち出すしかなくなる。だから、加齢に比例して「昔の自慢話」が多くなるというわけである。

そして自慢話は、それを際立たせるため、どうしても現状に対する批判や不満になっていく。これが自分の首を絞めることになる。

たとえば私の知人は町内会の集まりで、中堅商社に勤めていた現役時代、リーダーとしていかに部署を牽引したかを得意になって語り、

「いまの町内会は会費だけ取って何の機能もしていない」

と批判したところが、

「じゃ、ぜひ力を貸してください」

と、街灯設置請願の責任者にお願いされてしまった。

批判した手前、引き受けざるをえなくなったそうだが、請願はなかなかうまくいかず、余計なことをしょいこんでしまったと頭をかかえるのだ。

こうしたことを指して、

「自慢話をしていい気になっていると、めんどうなことになるぞ」

と語っていたのは、前出の安藤昇さんだ。

実年時代であれば自慢もハッタリも必要で、たとえ余計なことをしょわされて失敗したとしても挽回のチャンスはいくらでもあるが、還暦以後はしんどい。

「だから、ある程度の歳になったら、偉そうに昔の自慢話なんかしちゃだめだ」

と、茶飲み話のついでに、そんなことを口にしたのである。

前章で触れたように、安藤さんは元ヤクザ親分で、映画俳優に転じて一時代を画し、波瀾の半生は映画や書籍など数多く作品化されている。私と一緒に事務所を立ち上げ、法人登記したのは知り合って数年後、安藤さんが還暦をすぎて五年が経った一九九一年のことだった。以来、二十余年をそばで過ごし、安藤さんから教わったことはたくさんあるが、そのなかの一つが、前述の「過去の自慢をしない」ということなのである。

これは徹底していて、たとえば半生をテーマに雑誌社から原稿を依頼されたときなど、送稿する前に必ず私に目を通させ、

「自慢になっていないかい？」

と訊いたものだ。

安藤さんは『男讃歌』（木耳社）と題した作品集を出すなど書をよくし、漢詩の造詣も深かったが、自慢の戒めとして老子の『跂者不立　跨者不行』（跂《つまだ》つ者は立たず。跨ぐ者は行かず）を引いたことがある。

《跂》は「かかとを上げる」、《跨》は「大また歩き」の意味で、

「つま先立ちは長く続かないし、同様に大股で歩いたのではいつまでも続かない」

ということから、

「背伸びをすると、自分が苦しくなるぞ」

と老子は諭した。

「還暦を超えた人間だったら、自慢の恐さを承知しているはずだけど、つい口にしてしまうんだな。老いに対する無意識の抵抗がミエを張らせるんだね」

と、安藤さんは言った。

この話を聞いたとき、私は四十代。そんなものか——と聞き流したが、還暦を前に僧籍を得たとき、安藤さんが口にした老子と同じ意味の仏教語に接し、なるほどと合点した。中国の高僧・曇鸞《どんらん》大師は、欲があるがゆえに苦しむ私たちの姿を『蚕繭《さんけん》の自縛《じばく》するがごとし』と言った。

繭とは、蚕《かいこ》がつくる繭《まゆ》のことで、みずから出した糸でみずからを縛りつけていくありさまをたとえたものだ。若い者にバカにされまいとして、自分を大きく見せようとして自慢し、自慢するゆえに自分を苦しめる結果を生むというパラドックス。ここに気がつき、還暦からは自慢などしないであえて謙虚な態度でいることこそ、実は最強の処し方の一つなのである。

16 「面白がる」という人生観を持つ

──毎日が楽しいですか？

こう問われて、

「ええ、毎日、腹を抱えて笑っています」

と答えられる人がどれだけいるだろうか。

天下人になって我が世の春を謳歌した徳川家康ですら、「人の一生は、重荷を背負て遠き道をゆくがごとし」という言葉を遺している。毎日が楽しいどころか、一難去ってまた一難。意のままにならない人生に、天下人でさえ苦しんでいたということになる。

まして一介の市民に過ぎない私たちが、

「人生、楽じゃないよ」

と嘆息するのは当然だろう。

ところが、「楽でない人生」に楽を求めるのが、私たちだ。前述した梅宮辰夫さんの人生相談にも「生き甲斐が見つからない」「毎日がむなしい」「このまま朽ち果てるのかと思

うとゾッとする」といった悩みが毎週、数多く寄せられたが、人生の酸い甘いも嚙み分けた梅宮さんの回答は、

「なに言ってるんだか。毎日、腹をかかえて笑って生きているヤツがいたらお目にかかりたいよ」

と言ったものだ。

ならば、どう生きればいいのか。

面白がるという人生観がある。

「面白きこともなき世をおもしろく」

とは、高杉晋作のよく知られた言葉だが、人生が苦労と二人三脚であるなら、そうそう面白いことがあるわけがない。仏頂ヅラして生きても人生なら、面白がるという生き方をしても同じ人生である。幸せが笑った数に比例するとするなら、いかに面白がってみせるか、ここで人生の晩年は決まることになる。

梅宮辰夫さん、山城新伍さん、松方弘樹さんの三人は、何歳になっても〝ヤンチャな盟友〟として、映画やテレビで活躍してきたが、三人を見ていて思うのは、彼らこそ人生を面白がって生きたということだ。

山城新伍さんは私が週刊誌記者時代、連載対談を担当した。話題の女性芸能人をゲストに招き、山城さんの軽妙洒脱な会話で人気だった。対談が終わった後、次回の打ち合わせを兼ねて酒席を伴にすることがあったが、あるとき、「ここだけの話」と前置きして、プレイボーイとして名高い山城さんが、浮気して女房にバレない〝山城流〟について話してくれたことがある。

「女性とホテルに入るだろう。で、一戦交えたところでテレビをつけ、放送していないチャンネルに合わせる。画面が映らなくてガーガーって雑音が出るだろう。そこで家に電話して〝あのな、いま新幹線の中なんだ〟とやるんだ」

真偽はともかく、こうした話を面白可笑しく話してくれるので、いつも腹をかかえて笑ったものだ。

当初、それが山城さんの地だと思っていたが、そうではなかった。ある女性人気歌手がゲストのときのことだ。話の内容が面白くないので私が割り込んで話題を強引に変えたところが、対談が終わり、ゲストが退室したところで、

「これは僕の対談なんだ。僕は僕なりに考えてしゃべっているんだから、余計な口出しはしないで欲しい」

山城さんが真顔で言ったのである。

このとき、この真顔が山城さんの地で、遊びなど楽しい話で相手を喜ばすのはサービス精神であることに気がついた。「この人は面白がるという生き方をしている」――そう思ったことをおぼえている。

山城さんは晩年に離婚し、特別養護老人ホームで七十歳の生涯を終える。週刊誌は寂しい晩年だったと報じたが、果たしてそうだったろうか。寂しくはあっても、山城さんのことだ。寂しさを面白がっていたのではないかと察するのだ。

もう一人、やはり私が記者時代、松方弘樹さんの連載対談も担当したことがある。豪快な方で、やはり浮気をテーマに雑談をしていたときのことだ。

「バレない方法はね、朝帰りするとき洋服にウィスキーを散らせておくんだ。で、ドアをドンドンやって、〝開けろ！〟。そう、泥酔したフリをして帰り、そのままバタンキュー。これで完璧」

そう言って同席するみんなを笑わせたものだ。

だが、あるとき、待ち合わせた大阪のホテルに一室に行くと、松方さんが難しい顔をして東映京都撮影所の関係者と話し込んでいた。途中から同席したので話の経緯はわからなかったが、役者として進むべき方向について、松方さんに強い思いがあり、それをぶつけていたようだ。真剣な表情の横顔を離れた席でうかがいながら、対談の席や打ち合わせで見せる陽気で楽しい松方弘樹とは違う人間がそこにいた。このときも、「この人は面白がって生きている」という思いをいだいたものだ。

梅宮さんも「辰兄ィ」と呼ばれる陽気なオモテの顔とは別の、真摯な顔があった。ガンの転移が怖く、半年ごとにレントゲン検査を受けているといった話をするときの顔は、苦悩がこちらまで伝わってきたものだ。

それでも、そんな話をしてから、

「検査ばっかりしてレントゲンの被爆でガンになったんじゃ、笑い話にもならないな」

そう言って笑わせたものだ。

梅宮さんも、山城さんも、松方さんも、たとえ内面に苦悩をかかえていようとも、グチや不満一つ口にせず、周囲を笑わせ、自分も楽しんでみせた。「面白がる」という生き方をしているからできることなのだと、人生の甲羅を経て思うのだ。

17
風雪にさらされて、老いは艶を出す

半生を全力で駆け抜け、還暦を超えるに至って、

「歳は拾いたくないね」

と、若い世代に揶揄されるとしたら、あまりにむなしくないだろうか。

「晩年は、あんな人でありたい」

と、実年世代からあこがれの目で見られるような生き方は、どうすればできるのか。

弱肉強食の動物界では世代間の淘汰は非情で、老齢となって力が衰えれば若いオスに取って代わられる。それまで君臨していたオスは群れの片隅で小さくなって生きていくか、不幸にして群れから追放されれば、文字どおり野垂れ死にするしかなくなってしまう。

だが、人間は違う。競争社会である以上、弱肉強食ではあるが、「力」の意味は多様だ。金銭、地位、名誉、人脈といった物理的な力のほかに、「人格」や「人間的魅力」など精神的な力がある。財力がなくても、名誉がなくても、周囲が一目置く過去の栄光がなくても、人格や人間的魅力があれば尊敬を得て、

「晩年は、あんな人でありたい」

と思われる人生になる。

ここが人間と動物の違いだ。

もちろん、「あこがれてもらわなくたっていい」という人生観も当然ある。

「若い世代の目なんか意識して生きるのは窮屈だ」

と思う人もいるだろう。人生観に是非はなく、それはそれで一つの見識である。

だが、あこがれられる生き方というのは、「人生の充実」と同義語なのだ。実年世代の目から見て、「あんな人でありたい」とあこがれるのは、そこに晩年の理想像の一つを見るからであり、無気力で、だらしのない晩年を生きている人にあこがれることはない。

ここに、還暦以後、どんな人生観で生きていくかというヒントがある。

たとえば、新しく一万円札の図柄になる渋沢栄一だ。「近代日本資本主義の父」と呼ばれ、九十一歳で亡くなるまでの間に約五百社の企業を立ち上げた。著名企業を概観するだけでも、第一国立銀行（現みずほ銀行）を初め、東京瓦斯、王子製紙（現王子ホールディングス）、東京海上火災保険（現東京海上日動火災保険）、秩父セメント（現太平洋セメント）、秩父鉄道、京阪電気鉄道、東京証券取引所、麒麟麦酒（現キリンホールディングス）、サッポロビール（現サッポロホールディングス）、東洋紡績（現東洋紡）、大日本製糖、明治製糖、帝国ホテル、澁澤倉庫など多種多様で、渋沢こそ、明治維新によって海外に門戸を開いた日本が「西洋に追いつけ追い越せ」を合い言葉に邁進した「時代の旗手」なのである。

その渋沢は平均寿命が四十三歳という明治期に九十一歳まで生き、亡くなるまで現役で活躍した。九十一歳を現在に置き換えればとてつもない年齢になる。当時の人々は、この長寿に驚愕したことだろう。

私は拙著『渋沢栄一「運を拓く」思考法』（青志社）で、渋沢の経営哲学と人間関係術について論じたが、渋沢が時代を超えて人々を惹きつけるのは、実業家として能力や哲学、そして八面六臂の活躍と同時に、

「年齢など何するものぞ」

という気位の高さと矜持にあることを見逃してはならない。

渋沢にこんな言葉がある。

「四十、五十は洟垂《はなた》れ小僧、六十、七十は働き盛り、九十になって迎えが来たら、百まで待てと追い返せ」

平均寿命が四十代の時代に「四十、五十は洟垂《はなた》れ小僧」と言い放ったのだ。現在なら八十歳の人間をつかまえて、「おまえなんか十年早い」と突き放しているのと同じ感覚なのである。ここまで言い切れる晩年の生き方に、渋沢の魅力がある。

加齢とは人生の風雪にさらされることだ。そして風雪にさらされてこそ、人間としての艶は出てくる。

人生経験は誇るものであり、この矜持と艶を見て、若者や実年世代は「晩年は、あんな人でありたい」とあこがれるのだ。

18 すべての現実を「縁」として受け入れてみる

最強の人生観を詠んだ句が二つある。

文言は違えども内容は同じだ。

この人生観で生きていけば、どんな不幸に遭遇してもびくともしない晩年を過ごすことができる。

まず、一遍《いっぺん》の句だ。


降れば濡れ、濡るれば乾く袖の上を、雨とて厭う人ぞはかなき

意味は「雨に降られりゃ、服も濡れるがな。濡れても、そのうち乾くがな。そんなことより、濡れまいとして右往左往するのは愚かなことじゃ。雨のときは濡れればええ。あるがままを受け入れれば何でもないことだ」ということになる。

一遍は時宗《じしゅう》の開祖で、「人間は等しく救われる」と説きながら諸国をめぐった遊行僧だ。

戦乱が続く鎌倉時代、末法思想に喘ぐ庶民に極楽往生を約束し、救済のお札と踊念仏によって爆発的な信者を得た。開祖でありながら寺を建てず、生涯を諸国遊行で過ごした一遍は気負うことなく飄々と「あるがままを受け容れよ」と説くのである。

次は、良寛《りょうかん》だ。

災難に逢う時節には、災難に逢うがよく候。死ぬ時節には、死ぬがよく候。これはこれ、災難をのがるる妙法にて候

良寛は江戸時代後期の曹洞宗の僧侶で、晩年は郷里越後の山中に庵を結び、清貧の生涯を送る。その良寛が一八二八年十一月、新潟県三条市を大地震が襲ったとき、知人の身を案じて送った手紙の一文である。

励ましの文言《もんごん》は一語たりともない。「開き直れ」と檄を飛ばすわけでもない。淡々と「災難に逢うがよい、死ぬがよい」と認《したた》め、それでいて「これが災難をのがれる妙案である」と、さらりと言ってのけるのだ。

一遍と良寛の言葉から見えてくるのは「縁」ということだ。「天変地異も人間の営みも

すべて縁として甘受せよ」という人生観である。

受け身で、無気力で、逃避のような生き方に思えるかもしれないが、そうではない。現実を「縁」として果敢に受け入れるということにおいて、これ以上の積極的な人生はないのだ。

私は浄土真宗本願寺派の僧籍にあるが、縁は「因縁生起」という仏教の根幹の一つをなす教えである。ひらたく言えば、この世におけるあらゆる現象はすべて――いいことも悪いことも――因（直接原因）と縁（間接原因）が関係して起こるという意味で、略して「縁起」と呼ばれる。花にたとえれば、種が「因」、日光や水分が「縁」で、両者が関係し合って初めて花が咲くというわけだ。

だが、この縁起というやつは複雑に絡まり合った糸のようなもので、ひと筋縄ではいかない。同居する息子の嫁とうまくいかないと言って相談に見えた姑さんがいた。言い分はともかくとして、同居に至る原因をさかのぼると、「夫が死んでひとりになったから」ということから始まり、結婚しなければ息子は生まれていない、嫁と同居することもない、なぜ自分たちは結婚したのか……。さらに自分の誕生、両親、祖父母の結婚と無限にさかのぼっていくことになる。

因が果を生じ、果が因となってさらに新しい果を生じ、解きほぐすことのできない縁の塊になっていることを姑さんは理解した。嫁との不仲は人智の及ばぬ縁であり、これは甘受するしかないものであることに気づき、怒ったり愚痴をこぼしたりすることの無意味さをさとったのである。

縁は悪いことばかりではない。演歌の大御所である北島三郎さんは北海道から上京し、ネオン街で流しをして苦節の時代をくぐり、一九六二年六月、『ブンガチャ節』でコロンビアから念願のデビューを果たす。ところがヒットの兆しを見せたところで突然、この曲は放送禁止になる。

♪あの娘、いい娘だ、こっち向いておくれ、キュッキュ〜、キュッキュ〜……

いまの時代からは想像もつかないが、この歌詞が不謹慎だとされたのである。そして、絶望のなかで急遽レコーディングされたのが『なみだ船』で、この年のレコード大賞新人賞を受賞する。

いまから二十年前、北島さんが還暦を超えた六十四歳のときのことだ。北島さんはデビユーのエピソードを引き合いにして、取材者の私にこんな言い方をした。

「結局、不運に見えたものが幸運だったんだね。苦労を売りものにするのは好きじゃないけど、つらい時期、焦った時期、寂しかった時期――それは、みな今日あるための試練だったのかなって、そんな気がするんだ」

この視点から一遍と良寛の句を味わい、縁を甘受して生きると腹をくくったとき、第二の人生は力強くスタートするのではないだろうか。

19 「人生の二期作」「二毛作」を楽しむ

定年延長で働くか、退職して新たな職に就く。

還暦を迎えたとき会社勤めの人は選択を迫られる。自営業の人も同様で、一定の年齢になれば、このまま経営者でいるか、社員に経営実務をゆだねて自分は一歩高いところに上がるか、あるいは身内に事業を譲って新たな別の人生を歩むか、決断の岐路に立たされる。

私が五十歳の声を聞き、還暦を見据えてどう生きていくかを模索しはじめたころのことだ。株式会社ホリプロ創業者で、当時、会長だった堀威夫さんにインタビューしたことがある。堀会長は「長寿社会になったいま、人生は二毛作、三毛作で楽しむべきだ」として、

「私は還暦を機に人生三毛作の実行に取りかかったんです」

と語った。

二毛作は同じ耕地で一年に二種類の異なる作物を栽培することで、二期作とは米に代表されるように同じ耕地で同じ作物を一年に二回栽培することだ。定年退職して新たな分野へチャレンジすることが二毛作とするなら、二期作は定年延長や、退職を機に独立してそ

れまでと同じ分野の仕事を手がけるということになるだろうか。

堀会長は半生を振り返って、

「敗戦の動乱期を過ごした高校卒業までが一毛作で、ミュージシャンからホリプロを興して突っ走ってきた還暦までが二毛作。そして、それ以後の新たな人生が三毛作というわけです」

そんな言い方をしたが、私が興味を引かれたのは、二期作にしろ二毛作にしろ、「自分を変えることが大事だ」という堀会長の人生観だった。少し長くなるが、拙著から堀会長の言葉をご紹介しよう。

「人生という田んぼにどうやって新しい苗を植えるか。それは自分を欺くことで、それまでの習慣や環境を変えることです。僕は還暦を迎えたときに、女房以外すべてを変えましたから。たとえば会社から歩いて通える距離に家を構え、車の送迎をやめました。三十七年間やってきたゴルフのスウィングを変えてビギナーになり、服装もニッカボッカに替えました。

内面的には怒らないようにしました。昔は社員を電話機でブン殴ったりしてたんだけど、もう怒らないと、還暦のパーティーで宣言したんです。最初の半年はストレスがたまりますが、それを過ぎると、なんと爽快なことか。人生は決して1度きりじゃない。生き方によっては二度、三度、楽しめるんじゃないか。そう思って僕は人生三毛作にチャレンジしているんです」（『夢は叶う』主婦と生活社）

ホリプロは平成元年二月二十二日、芸能プロとして初めて株式を店頭公開して大きなニュースになったが、さすが経営者の視点だ。人生の行く末は誰でも見るが、高所から人生を俯瞰して見る人は少ない。このインタビュー以後、私は二期作、二毛作という生き方を真剣に考え、五十代半ばに得度し、僧籍を得ることになる。

俳優の菅原文太さんが、山梨県韮崎市で耕作放棄地を使って農業を始めるのは七十五歳のときだ。文太さんは、前出の安藤昇さんと親しくしていたので、「これから山梨で農業をやるんです」と語ったそうだ。なぜ山梨なのか安藤さんが問うと、「南アルプスの景色がいいんですよ」と目を細めながら、

「この先、晴耕雨読って性分じゃなし。多少とも農業ができますんでね。自分は県や町の人に協力してもらって恵まれていますけど、一般の若者が就農しようとしてもこうはいかない。しかし一方で、茶畑の放棄地とかが余っている。農家にとっても、就農を希望する若者にとっても、俺が手伝えることがあるんじゃないかと思っているんですよ。楽なこと

だけしてたら、おてんとうさんに申しわけない」

と言ったそうだ。「文ちゃんらしいよな」と安藤さん笑っていた。

文ちゃんらしいと言えば、私は若いころ、菅原文太さんに密着して人物記事を書いたことがある。マシンガンを持った豪快なアクション映画の撮影でのこと。昼食時の様子を少し離れたところから眺めていると、文太さんは黙々と食べていたロケ弁当のご飯つぶを箸からテーブルに落とした。どうするのか見ていると、それを指先でつまんでひょいと口に入れた。この木訥な仕草に「文太兄ィ」のイメージとは違う菅原文太を見た思いだった。

メディアは文太さんの農業への転身に意外さをもって報じたが、かつて〝ご飯つぶ〟のシーンを目撃した私は、文太さんが人生の二毛作に農業を選んだと安藤さんから聞いたとき、「らしいな」と思ったものだった。

二期作であれ二毛作であれ、還暦以後の人生を田畑に見立てて生きるという人生観は、五十代で僧侶を目指した私に言わせれば、それだけでわくわくと心躍るものがあるのだ。

三章

人間関係の「ディスタンス」

20
人間関係のディスタンスは三つある

新型コロナの感染予防で、私たちの日常生活をガラリと変えたのが「ソーシャルディスタンス」だ。ディスタンスは「距離、道のり、間隔」、ソーシャルは「社会的な」という意味であることから、この言葉を感染予防に用いて日常生活における人と人の距離とし、「マスクを着用して二メートルの間隔をとれ」

ということになった。

新型コロナの場合は人と人との物理的な距離を問題にしたが、人生においてもっとも大事なのが人付き合いの距離――すなわち「人間関係のディスタンス」である。心理学者として著名なアドラーが「すべての悩みは『対人関係の悩み』である」としたように、悩みの原因を掘り下げていけば「対人関係」という岩盤に行きつく。

言い換えれば、「人間関係のディスタンス」を上手に取れるかどうか、ここが人生のポイントになる。

「人間関係ディスタンス」は、つき合いの距離感ということから「人間関係間合い」と言い換え、武道の間合いを例にして説明したほうが理解しやすいだろう。

私は前述のように昇空館という空手道場を主宰しており、相手と対峙したときの間合いということをやかましく指導するが、これを人間関係に置き換えながら説明してみよう。

武道も人間関係も間合いは三つしかない。《近間《ちかま》》《遠間《とおま》》《一足一刀《いっそくいっとう》の間《ま》》で、次のようになる。

《近間》は、こちらの刀が相手に届く至近距離のことだ。当然、相手の刀もこちらに届くため、きわめて危険な間合いである。人間関係でいえば超親密な間柄だ。こちらが無理も言えるかわりに、相手の無理も聞かなければならず、ときとしてわずらわしくなる。

《遠間》は、うんと離れて対峙する間合いだ。

こちらの刀が届かない代わりに、相手の刀も届かない。勝ちもしなければ負けもしないという安全な間合いだが、戦いになりようがないため、刀を構えて向かい合う意味がない。人間関係に置き換えれば、顔を合わせれば挨拶する程度で、わずらわしさはないが、知り合いでいる意味もない関係だ。

《一足一刀の間》は、こちらが一歩踏み込めば相手に刀が届いて《近間》となり、相手が攻撃してきたときは一歩退がれば刀は届かず《遠間》となる。人間関係でいえば、つかず離れずの立ち位置をキープすることだ。頼み事をするときは一歩踏み込み、反対に面倒なことを頼まれそうだと思えば一歩退がって回避する。ズルイようだが、この《一足一刀の間》をもって、武道も人間関係も間合いの極意とする。

還暦以後、人間関係のしがらみに縛られず、精神的に自由でいられるかどうかは、人間関係の間合いによるのだ。

ところが、アドラーの言《げん》を俟《ま》つまでもなく、多くの人が「対人関係」に悩んでいる。「その人とどういうつき合い方をし、どういう人間関係でいるか」という〝間合い観〟がないため、ちょっとした行き違いで人間関係がおかしくなる。若いときの人間関係の悩みは〝人生の肥やし〟にもなるだろうが、第二の人生において現役時代と同じ悩みをひきずって生きたのでは、あまりに智恵がなさすぎるだろう。

だが、人間は感情の生き物だ。相手に好感もいだけば一転、悪感に変わることもある。いま自分はその人とどういう人間関係の間合いにあるかを見極めるのは難しい。

ならば、どうすればいいか。

「三座の視点」で自分と相手を見るのだ。自分の視点、相手の視点、そして自分と相手を等距離で見る「第三者の視点」を持てば、おのずとどんな人間関係にあるかが客観的に見えてくる。

わかりやすく言えば、スポーツにおけるコーチの視点ということだ。戦う当事者ではないため、客観的視点——すなわち「第三の視点」で試合を見ることができる。自分の選手がどういう状態にあるか、どうすれば勝てるか、いま何が危険であるかが客観的にわかるというわけである。

人間関係ディスタンスを上手に取るには、あなた自身が自分のコーチの立場になることだ。少なくとも、そういう視点を持とうとして相手に接するだけで、人間関係におけるわずらわしさや悩みは間違いなく軽減するのだ。

21 意に染まない義理は堂々と切る

義理という足枷を外せば人生は劇的に楽になる。「中元・歳暮」「年賀状」「葬儀」の三つが《義理の三点セット》だ。楽しみでそうしている人は別として、義理となれば気は重い。「義理」と「義務」は一字違いで、「書かなきゃ、贈らなきゃ、参列しなきゃ」と自分のケツを叩くことになる。

まず中元と歳暮。これまで贈ってきた人を外すのは抵抗があるが、一方で「いつまで贈るのか」という思いもよぎる。現役時代なら仕事で世話になることもあり、盆暮れの贈答に抵抗は少ない。だが還暦を過ぎ、退職したとなれば迷う。経済的にも交際を縮小していかなければならないことはわかっていながら、迷い、迷ったあげく、例年どおり贈ることになってしまう。金銭的なことよりも、贈るのをやめようと思いながらやめられない自分が、精神的な負担になるのだ。

年賀状もしかり。退職すると年賀状が激減して寂しい思いを味わう人もいるが、再就職したり、定年延長で働いていれば、まだまだもらう人であり、送る人であるため、カレン

ダーを睨みながら、

（書かなきゃ、年内に投函しなきゃ）

という義務感に追い込まれ、「何で年賀状なんてものがあるんだ」と不機嫌になったりする。

葬儀にしても、自分が歳を拾うにつれて亡くなる知人も増えていく。会葬して線香をあげたいと思うならそうすべきだが、知り合いであるというだけの葬儀は、参列すべきかどうか迷う。それでも、知らせを受けながら欠席したとなると、「あいつ、来なかったな」と、知人や遺族から薄情だと思われるのではないかと気になり、仕方なく参列することもある。まさに義務の葬儀になってしまう。

こうしてみると、《義理の三点セット》こそ人間関係という柵《しがらみ》の象徴であり、新しい人生にとって足を引っ張る重石であることがわかる。還暦を機にリセットしたいと思うならさっさと断ち切ってしまえばいいのだ。

私は贈答品については「どうしてもこの人には」という相手だけにし、ほとんどカットしたが、人間関係に何の変化もなかった。

年賀状もそうだ。出すから来る、来るから出す――これが年賀状にはついてまわる。だから私は自分からは出さず、頂戴した人に寒中見舞いとして出すことにした。この方法で一年、二年と経って三年目はずいぶん年賀状は淘汰された。私から年賀状が来るものだから、相手は仕方なく出していたということになるだろう。そういう意味でも、年賀状をやめたのは人助けになったと、むしろ誇らしく思っている。若い人が年長者から年賀状をもらっておいて、寒中見舞いを年賀状がわりにしたのでは相手は不愉快になる。が、還暦を過ぎればたいてい年長者になる。古希ともなれば、寒中見舞いだって堂々とスルーしてかまわないのだ。

私は僧侶なので葬儀のお勤めはするが、プライベートでは義理で会葬することはない。現役世代にとって葬儀はビジネスの延長線上にある。ことに仕事関係の葬儀はそうだ。旧交を温めたり、人を紹介してもらったり、率先して葬儀の手伝いをして自分を売り込む若手もいる。

だが、一定の年齢になれば、義理の会葬など何の意味もない。僧侶の言うべきことではないのかもしれないが、無理して葬儀に出なくても故人に手を合わせることはできるし、偲ぶこともできるのだ。

中元歳暮、年賀状、葬儀という《義理の三点セット》は柵の象徴だけに、断ち切るのは容易ではない。だが、断ち切れない原因は、還暦を迎えてなお柵を引きずっている自分にあることに気づくべきだ。《義理の三点セット》を断ち切るということは、これまでの人生との〝精神的な訣別〟であり、だからこそ断ち切ったときは憑きものが落ちたような爽快感がある。義理という足枷を外せば、人生は劇的に楽になると、これは私の実感から断言するのだ。

22 してあげても見返りは求めない

遠来の老住職を案内し、私が馴染みにしている鮨屋に入ったときのことだ。いつも笑顔で迎えてくれる若い弟子の姿が見えない。

「A君は？」

「あの野郎、恩を仇《あだ》で返しゃがった」

大将が吐き捨てるように言って、

「あんなに仕込んでやったのに恩知らず」

「後足で砂かけていきやがった」

「いまどきの若いもんはどうしょうもねぇや」

早口でまくしたてたのである。

大将がA君を可愛がっていたことは、私も知っている。親分肌の大将は「将来が楽しみだよ」——そう言って目を細めていた。

「期待していたのに残念だね」

私が同情すると、老住職が穏やかな口調で大将に言った。

「それで大将、あんたはその若い子にどうして欲しかったんじゃ？」

「別にどうして欲しいというのは……」

もごもごと言って言葉を呑むと、老住職が小さくうなずいて、

「これだけ面倒を見たんだから、それに応えて欲しい……。そう思うのは人情や。わしかて、そうや。ようことをきいてくれる若い坊さんは可愛い。反対に、何やかや手をかけてやったのに感謝するでもなく、自分ひとりで一人前になったような態度を取られると腹も立つがな」

言葉を切って湯飲みを口に運んでから、

「だけど、これは自分でも気づかんことやけど、人間は誰でも、これだけのことをしてやったから、これだけのことを返して欲しいという見返りを求めてしまうんやな。そして、見返りが得られないとなると腹が立つ」

大将が唖然とした顔で聞いている。常連客の誰もが同情してくれているのに、老僧だけは「あんたが怒っているのは若い子が去っていったからではない。あんたに見返りを求める心があり、それが満たされなかったからだ」――そういう意味のことを言ったのだ。

気性の激しい大将だが、老僧の言葉に感じるものがあったのだろう。反論することなく、「何か握りますか?」と言った。

私たちは無意識にギブ・アンド・テイクの価値観で生きている。ある姑《しゅうとめ》さんは、息子の嫁について、こんな悪口を言う。

「うちの嫁ときたら、私がこれだけ気をつかっているのに、姑とも思わず、横柄な態度なんですよ」

この悪口の本質は、お嫁さんの「横柄な態度」そのものではなく、「私がこれだけ気をつかっているのに」という自分の思いが原因になっている。「気をつかっているのだから、相応の態度」——すなわち、そうと意識しないまま〝見返り〟を求めているのだ。

一方、お嫁さんにも言い分がある。夫にどうしてもと頼まれたから自分が折れての同居したのに、「なぜ私が悪く言われなくてはならないのか」「どうして私がこんな苦労をしなくてはならないのか」という思いがあり、「決して横柄な態度なんかとっていません」と私に訴えるのである。

あるいは、ある年配の男性は、

「孫にお年玉をやっても、当然のような顔をしている」

そんな愚痴をこぼした。年金をやりくりしてお年玉をやったのだから、それに見合うだけの感謝を期待しているのだ。同じ孫でも、満面の喜びを見せてくれる子供は目の中に入れても痛くないほど可愛いと言う。

旅行の土産を買ってきて大喜びしてくれれば「プレゼントしてよかった」と満足し、素っ気ない態度であれば「あげるんじゃなかった」と腹立たしくなる。

これがギブ・アンド・テイクの価値観で、仏教では「愛憎違順《あいぞういじゅん》」という。自分の思いに順《したが》うものは可愛がり、自分にとって気にいらないものは嫌うという意味で、私たちすべてがこの本性を宿しているとする。この視点から見れば、鮨屋の大将の腹立ちは理解できるのではないだろうか。

一方、A君である。後日、街で偶然顔を合わすと、

「僕はつくすだけつくしたのに、大将はそのことをわかってくれなかったから」

と憤懣を口にした。A君は「これだけつくしているのに、それに応えてくれなかった大将が悪い」と言うのだ。

人間は誰も心の奥底で「自分は正しい」と思っている。だから相手の言動や態度がその

思いに対して満たされないとき、怒りや悪口、あるいは愚痴、自己の正当性の主張になる。

そして愛憎違順する心は、ころころと変わっていく。

「あの人、いい人だと思っていたけど、結構、ずるいのよ」

「利己的なヤツだと思っていたが、あれでなかなかいいところもあるんだ」

どなたもこんな会話に心当たりがあると思うが、「昨日の敵は今日の友、今日の友は明日の敵」というのが私たちであって、いい人、悪い人というものは存在せず、あるのは自分の都合と愛憎違順する心だけなのである。

23

一度、夫婦の「寄りかかる関係」を断ち切ってみる

昭和の時代、夫婦をたとえて「空気のような存在」と言った。

空気は人間が生きるために絶対不可欠なものであるにもかかわらず、当たり前にそこに存在するものであるから、意識して呼吸することもなく、したがって感謝もしない。夫婦とはそういう存在であるというわけだ。夫婦喧嘩はしても、一つ屋根の下で協力し合い、人生の荒波を生きていくのが夫婦とされた。この価値観は「男目線」で、「夫＝稼ぐ人」「妻＝内助の功」という図式が背景にあり、妻は夫に不満があっても我慢し、協力すべきだというわけだ。

ところが平成に入り、権利意識と男女平等意識の向上、さらに少子化による労働力の供給不足を背景に女性が社会に積極的に進出し、自立する時代になった。

それにつれて「空気のような存在」とされた夫婦関係は「二酸化炭素のような存在」に変わっていった。

とりわけ妻にとって夫は、不可欠なものであるどころか吸えば不快になり、一定量を超

えれば頭痛やめまいがするようになっていく。

そして時代は令和に向かうにつれて「二酸化炭素」は「一酸化炭素」に変容、吸えば瞬時にして絶命——すなわち、熟年離婚が急増する。

「出て行け！」

と言い放った亭主の〝昭和の一喝〟は、

「私、離婚します」

という妻の〝捨てゼリフ〟に一転してきたのである。

夫と妻とを問わず、耐え難い婚姻生活であるなら離婚するのも一つの解決方法だが、憎からず思って結婚したのであるなら、「空気のような存在」で人生を終えるほうが双方にとってハッピーなのではあるまいか。ことに還暦を過ぎての離婚は、経済的なことだけでなく、健康問題や社会との関わりなどを含め、想像以上に厳しいものがある。

そこで、問題になってくるのが夫婦の「家庭内ディスタンス」である。一定の年齢になれば、家庭においてどんな距離感で生活するかがポイントになる。

結論から言えば「家庭内別居」をすることだ。冷戦でそうするのではない。お互いが相手を尊重し、干渉しないという意味だ。趣味でも交友関係でも、相手に迷惑をかけないということを前提にし、何も言わない。

これまで家庭を守り維持するために、夫婦は何十年も干渉し合ってきたのだ。還暦を境に人生を折り返してなお、干渉の日々を送るとなれば溜息が出るだろう。これが、お互いが空気となり、円満な夫婦でいる秘訣なのである。

奈良薬師寺・安田暎胤管主（当時）が家庭円満の「円満」ということについて、こんなことをおっしゃった。

「円満という言葉は、対立しやすい関係にありながら双方が満足を得ている状態を指します。つまり双方の基本的な関係は〝対立しやすい〟ということです」

夫婦円満というように「円満」がつくということは、夫婦は本来、対立しやすい関係にあるというわけだ。

これを踏まえて安田管主は、円満な夫婦や家族というのは、そこにあるものではなく、努力することによってつくりだしているものであるとする。

努力でつくり出す円満とは、若いうちは双方が干渉し合い、干渉することが時として愛の証ともなるが、還暦以後は逆だ。お互いを尊重するがゆえに双方が努力で不干渉とし、不干渉ゆえに仲良くなる人間関係を構築していく。その具体的な行動が一つ屋根の下で暮らす家庭内別居というわけだ。

寝室も、食事も、洗濯も、掃除も何もかも別所帯にするか、一部だけにするかは、それぞれ家庭状況に応じて相談して決めればよい。批判も愚痴も含め、これまでの夫婦の寄りかかる関係を断ち切ってみることによって、お互いの存在がかけがえのないものであることがわかってくる。すなわち、寄りかかる関係から、寄り添う関係になっていく。これが夫婦の「家庭内ディスタンス」なのである。

24 子供は別の個人という「子離れ」の決断

親子は死ぬまで「親子」である。

年齢が縮まることもなければ、親子であることの関係も変わらない。だが、子供が成長するにしたがって、双方の相手に対する思いは変わってくる。親にしてみれば、育ててきたという自負があるため、いつまでたっても〝掌中の子供〟と見る。だから世話を焼く。身を案じ、転ばぬ先の杖とばかり小言も口にする。

一方、子供はどうか。思春期を境に自立の意識が芽生えてきて、親の掌《てのひら》がわずらわしくなる。飛び出そうとする。掌に乗っかっていることがわずらわしいのではなく、「乗せてやっている」という親の意識がわずらわしいのだ。

子供のこの意識は、経済的・精神的に自立できているかどうかは関係ない。子供とはそういうものなのだ。親子の意識のすれ違いを認識しないままでいると、親はいつまでも子供に苦しむことになる。

このことを私が確信するのは、保護司を拝命して二十年の経験による。保護司というのは、犯罪を犯した者の更生の一助を使命とするものだ。我が子を一所懸命に育て、そのあげくが犯罪者となれば親としてはいたたまれないだろう。これまで多くの親子関係を見てきて、つくづくそのことを思う。

だが、私の体験で言えば、親――とりわけ母親は、我が子が何歳になっても身を案じているが、子供のほうはその逆で、親を非難することが少なくない。

「あの子は小さいときは素直で、とてもいい子だったんですよ」

母親はしみじみと語るが、当の子供と別の日に差し向かいで会うと、

「勝手なこと言ってやがる」

吐き捨てるよう言ったりする。

親にとっては「掌中の子供」であり、子供はそれをわずらわしく思っている。このギャップに気がつかないことが、親子関係を損ねる一因になっていると私は考えるのだ。犯罪者の子供を持つ親の例を出したのは、彼らが特殊なのではなく、親子関係が象徴的に表れていると思うからである。

子供に悩まされること、世話を焼くことを生き甲斐とするなら、それでよし。だが、「成人」まで育てるのを親の義務とし、後半生を自分の人生として生きようと願うなら毅

然として子離れをしなければならない。

シャーキ族の王子だったお釈迦さんは「人生の真実」を求め、生まれたばかりの長男を置いて二十九歳で家を出る。妻の耶輸陀羅（ヤソーダラ）は、「名前すらまだ決まっていないのにあなたは出て行くのですか」と言って引き留めようとすると、お釈迦さんは毅然として、「羅睺羅（ラーフラ）と名づけておきなさい」

そう言い置いて出て行ったと一説にある。

「羅睺羅」とは「悪魔」という意味で、そんな名前を我が子につけ、しかも家を出て行く。釈迦は冷酷な人間ということになるが、この伝承の意味するものは「子供への愛情は執《しゅう》着《じゃく》であり、苦の元凶の一つである」ということを逆説的に説いたものだ。これを現代社会で読み解くならば、「子離れしなければ親が苦しむぞ」ということになる。

釈迦の言葉に、こんなのがある。

子や妻に対する愛著《あいじゃく》は、確かに枝の広く茂った竹が互いに相絡《あいから》むようなものである。筍《たけのこ》が他のものにまつわりつくことのないように、犀《さい》の角のようにただひとり歩め。

利己的とも薄情とも思える生き方だが、ここまで自己に厳しくしてこそ、真の意味の愛情になるのではないだろうか。

我が子のためには命も惜しくないという親の思いは尊い。だが、この生き方は、決して愛情ではなく、「自分の価値観や思い、さらに言えば自己満足であり、これらに縛られた執着に過ぎない」とあえて言っておきたい。

愛情と慈悲は違う。愛情は執着から発するものであり、慈悲はその逆と思えばいいだろう。自分の思いではなく、子供の幸せを願い、どうすれば最善かを考えれば、必然的に〝掌中の子供〟ではなくなる。釈迦は二千五百年の昔にそのことを説いたことになる。

子離れは勇気のいることだ。寂しくもある。だが、世界で百三十七万種を超える生き物のすべての親が、我が子が一人前になったら子離れをしていく。このことが何を意味するのか、考えさせられるのではないだろうか。

25 仲のいい親子も同居すれば「呉越同舟」

女性週刊誌から「同居する嫁と姑がぶつからない方法」というテーマで取材を受けたときのことだ。

「お嫁さんは若く人生経験も浅い。しかも、夫に頼まれたから仕方なく同居したという思いがあるため、不満が潜在的にくすぶっている。だからどう接するかは、人生の酸いも甘いも嚙み分けた姑さんのほうで考えるのが現実的です」

そう前置きして、私は姑さんの気持ちの持ちようを、向かい合う飛行機の高度にたとえて、こう説明した。

「同じ高度であれば衝突します。しかし双方が上下にちょっとでもズレていれば無事にすれ違う。姑さんが高度を変え、目線を高くしてお嫁さんのことを受け流すか、反対に目線を低くしてヨイショすれば、ぶつかることはありません」

そして、こんな実例を紹介した。私が僧侶ということで、年配の未亡人から同居するお嫁さんとのことで相談を受けたときのことだ。

「とにかく嫁が文句ばかり言うんです」渋面をつくって訴える。

「電気がつけっ放し」「水道の蛇口がちゃんと閉まっていない」「出かけるときはエアコンを切れ」わざと嫌味を言われているようで、姑さんはカチンときて、「そんな言い方をすることはないでしょ！」負けじと言い返し、よりいっそう険悪になったのだという。

この「カチンときて」という感情が飛行機でいう「同じ高度」になるわけだ。息子は女房と母親の双方からグチを聞かされてうんざりだろうし、家庭内がぎくしゃくすれば、幼い子供たちの教育にもよくない。

「こんな生活を続けるくらいなら死んだほうがましです」とまで姑さんは言ったものだ。

そこで、そこまで覚悟があるなら頑張って気持ちを切り替え、目線を高く持つ努力をするようにアドバイスした。

「お義母さん、水道の蛇口がちゃんと閉まっていなかったわよ」

そう言ってきたら、

「あ〜ら、ごめんなさい。次から気をつけるわ」

お嫁さんが聞き分けのない子供だと思い、アッケラカンと笑みで受け流せば〝ノレンに腕押し〟。それ以上、突っ込むことはできなくなるというわけだ。姑さんはそれを実践したのだろう。以前のようなギスギスした関係ではなくなってきたと、半年ほど経って私に報告してくれたものだ。

これは一例だが、お嫁さんとはツノを突き合わすのではなく、「精神的余裕をもって相手を呑みこむ」という発想がポイントなのである。そんなことはとてもできないというのであれば、人間関係が決定的に壊れる前に別居の方策を考えたほうがいいだろう。悪化した人間関係は、放っておけばどんどんエスカレートするもので、何かの拍子に一夜明けたら仲よくなっていたということは絶対にないからである。

忌憚なく言えば、嫁と姑はうまくいかない。これが基本だ。仲のいい嫁と姑も稀にいるが、同性で、他人で、価値観も人生観も違い、息子を間に挟んで綱引きする構造にある以上、衝突するのは当たり前なのである。

長寿社会となり、社会保障費の肥大に危機感を募らせた政府は在宅介護、在宅での看取へと舵を切りつつある。老々介護、そして子供夫婦との同居は避けて通れない課題になっていく。還暦を過ぎたら、元気で活躍できるうちに「嫁と姑はうまくいかない」ということを前提に、自分はどうするのかを考えておく必要がある。厳しい言い方だが、人間とはそうしたものなのだ。

26 「積極的無関心」という対人関係術も良し

歳を拾うと頑固で怒りっぽくなるという。

その自覚は、還暦以降の人にはどなたもあるのではあるまいか。

だが、世間を見まわせば腹の立つことばかりである。若者の鼻ピアスに金髪は不快感をおぼえる。電車内でお化粧パタパタの若い女を目にすると眉をひそめる。歩きスマホには怒りを覚えるし、語尾を伸ばす話し方や甘えたしゃべり方や、意味不明の省略言葉を耳にすると嘆かわしくなる。さらに選良であるはずの政治家にいたっては口先だけ——となれば腹立たしくて頑固にもなろうというものだ。

正義感の強い人は思いを行動に移し、電車のシルバーシートに大股を広げて坐る若者を注意して暴力を振るわれたり、歩きスマホを注意してヤンキー娘に罵声を浴びせられたりするなど、実害をこうむったりする。正義感は尊いものだし、そうすべきであることはわかってはいる。だが、現在の日本は残念ながら正義感を美徳とする社会ではなくなった。

「同じ電車賃を払っているのに、年寄りだけ優先シートがあるのは差別だ」

「どこで化粧しようと、あたしの勝手でしょ」

「歩きスマホして、あなたに迷惑がかかるの？」

注意すると、こんな反論が返ってくる。価値観の多様化を社会が受容することは大切だが、これが行きすぎると「何をどうしようと自分の勝手」ということになる。

個人の自由が最優先される現代社会において、正義感や道徳を持ち出すことでトラブルを起こせば、越権行為とされる。新型コロナ禍で「自粛警察」「マスク警察」「帰省警察」が批判された。いきすぎた同調圧力に対する批判は当然としても、「マスクをしないこと」よりも、「それを咎める行為」が社会的に批判される。正義感や道徳は万能ではなくなったのである。

こういう時代風潮にあって、他人に対して怒ったり腹立たしく思ったりするのは無意味な行為となる。まして晩年という貴重な第二の人生において、他人のことをとやかく言っているヒマはないのだ。日光東照宮の彫刻にある「三猿《さんえん》」のごとく、他人のことは「見ざる・聞かざる・言わざる」をもって処世術のキモとする。

傍観者でいろと言うのではない。三猿のこの言葉に「自分の人生だけを考えよ」という一語をつけ加えることで、「積極的無関心の生き方」になるのだ。

甲斐和里子は、浄土真宗本願寺派の宗門校である京都女子大学の創始者だが、彼女はこんな歌を遺している。

岩もあり　木の根もあれど　さらさらと　ただささらさらと　水の流るる

念仏に生かされている者を詠んだものだが、岩や木の根を「他人」に置き換えて読み解けば還暦以降の生き方になる。岩や木の根を避けてはいるが、水はとどまることなく流れていく。いや、流れていくために岩や木の根を避けているのだ。

若者の鼻ピアスOK。金髪でも紫髪でも好きにすればいい。電車内でお化粧パタパタ、大いに結構。詭弁を弄する政治家には一票を入れなければいいことだ。「自分はこれからどう生きるのか」――このことこそが大事であり、自分に問いかける大テーマなのである。

27 還暦からは内に情熱を、顔は「笑顔の八方美人」で接する

努力で這い上がり、栄光をつかんだ人の何気ない一言に、ハッとする気づきがある。

そのひとりに、ガッツ石松さんがいる。

栃木県の貧しい家に育ち、中学卒業とともに上京。様々な職業を転々としながらボクシングを続け、世界ライト級チャンピオンの座に上り詰める。タイトル防衛5回という偉業を達成し、引退後は俳優・タレントとして活躍しているのは周知のとおりだ。

十年ほど前になるが、ガッツさんの自著『劣勢からの逆転力　ガッツの知恵』（青志社）の仕事をご一緒したときのことだ。日本バナナ輸入組合主催『勝手にバナナ大賞』の第一回受賞者であることから、「ガッツ石松＝バナナ」で人気者だった。ガッツさんはそのころ広島国際学院大学客員教授も務めていて、同大で講演したあと帰りにバナナをプレゼントされ、学生たちの前で囓ってみせて喝采を浴びるのだが、このときのことをふり返ってこんなことを言った。

「なんでそんなことをしたかというと、みんなが喜んでくれると思ったから。人間は笑い

が大事なんだ。明るくなくちゃだめなんだ。誘蛾灯《ゆうがとう》と同じでさ。誘蛾灯に虫たちが群がっていくように、運や人も明るい人間に寄ってくる」

運という文脈でガッツさんは語ってくれたのだが、運は「運ぶ」と読み、何が運んでくるかといえば人間である。努力は人間との出会いがあって実を結ぶとなれば、人間関係は何より笑顔が大事ということになる。

だが、実年時代は出世や経済活動に尽力するため、敵もできればライバルもいる。笑顔だけで世のなかを渡って行くことはできず、敵をねじ伏せもすれば、ライバルを蹴散らすこともある。激流を川上に向かって遡るような生き方だが、還暦を過ぎて始まる新たな人生はそうではない。これまでと違った人生観にしたがい、日々の充実した晩年を第一義とするなら、無用の敵やライバルはつくらないことだ。

ガッツさんとご一緒したのは、私がちょうど還暦前後の歳で、

「人間は笑いが大事。明るくなくちゃだめ」

という言葉に、思わずヒザを叩く思いだった。還暦からの人生にこそ、笑顔が大事だと読み替えたのである。

『怒れる拳《こぶし》 笑面《しょうめん》に当たらず』という中国雲門宗の禅僧・雲台省因の言葉がある。

「怒って拳《こぶし》を振り上げて殴りかかってきた人も、相手が笑顔で対応したなら気勢を殺《そ》がれてしまうもの。にこやかに笑っている人に対して拳を振りおろすわけにもいかず、やり場に困ってしまう」

という意味で、「雲門宗の家風は何でしょうか?」と問いかけた弟子に雲台省因禅師が答えたものだ。この言葉は、「怒《ど》」に「笑《しょう》」という相反するものをもって悟りの境地を語ってみせたものとされるが、八百年の歳月を経て、

「強い態度に出てきた相手には、やさしい態度で接した方が効果がある」

という処世訓として用いられている。

殴りかかってきた相手でさえ、笑顔を見ると躊躇するのだから、普段の人間関係においてトラブルなど起きようがない。還暦以降は、内面に火の玉のような情熱を秘めていても、顔は温厚な笑みをたたえて人に接する意味はここにある。すなわち「笑顔の八方美人」である。人生の甲羅を経てきた年代ではないか。その程度の芸当はできるはずである。

28 遺産と遺言の扱い方を間違えないように

財産の多寡にかかわらず、遺産相続をめぐるトラブルは世の常である。

「同居して面倒みたのに、どうして等分なのよ」

不満を口にすれば、

「自分がみるって言ったんだろ」

と突っぱねる。骨肉の争いにまで発展しなくても、分配に不満をいだき、それが原因で兄弟が疎遠になったりするケースは世間にいくらでもある。

寡婦だった知人が亡くなったとき、親にさんざん迷惑をかけて家を飛び出した長男が突如あらわれ、相続の権利を声高に主張して、兄弟たちが罵り合う場面に立ち会ったこともある。すでに親は亡く、目の前の財産を分けるとなれば誰しも神経が尖《とが》って当然だろう。それぞれに妻や夫がいて別世帯を構えているとなれば、なおさらである。

一人っ子であっても、遺産は人生に少なからず影響する。知人は多額の遺産を手にしたことから放蕩三昧となり、身を持ち崩した。

反対に、遺産をもとに事業を大きく成功させた知人もいるが、これは少数派だ。なぜなら財貨の価値は、それを手にするまでの努力と苦労に比例するからだ。いくら気を引き締めていようとも、労せずして手に入れた財貨が浪費やムダ金に流れるのは、人間心理からすればごく自然のことと言っていいだろう。「悪銭身につかず」とまでは言わないが、「遺産身につかず」というのは一面の真理である。これは財貨に限らず、会社の経営権や地位なども含まれる。

西郷隆盛はこのことを戒めて、『児孫《じそん》のために美田を買わず』という言葉を遺していた。「子孫のために財産を残すと、それに頼って努力をせず、結局は自立心を失わせることになるので、財産は残すべきではない」

という意味とされ、財産に仮託して「子供を甘やかせてはならない」と説いたものとされる。

だが、これは「児孫のために」とあるように、わが子を主体とした親の処し方を意味することになるが、「親の処し方」を主体としてこれを読み解けば、また違ったものになる。

すなわち、「子供に財貨や地位などを遺そうとする思いがあれば、子供のために生きることになってしまう。そうではなく、わが人生を存分に生きよ」という戒めと受け取ることができるのだ。

会社をわが子に継がせようと思えば、会社の発展よりも自分の都合で人事に心を砕く。財貨を遺そうとすれば、相続時の節税対策に頭を悩ませる。まさに、子供たちを主体にした晩年になってしまうのである。

可愛いわが子たちだ。財産を残してやりたいと思うのは親の情として当然だろう。だが、それが主体になると親は自分の人生を犠牲にするだけでなく、子供の人生をもねじ曲げてしまう危険がある。となれば、西郷隆盛の言《げん》のごとく、『児孫のために美田を買わず』をもって正解とするのかもしれない。

それでも、結果として遺産が生じる場合は、親の責務として遺産をめぐる骨肉の争いになることだけは絶対に避けなければならない。そのためには遺言を残しておくことだ。自筆の遺言を法務局で保管する「自筆証書遺言保管制度」が令和二年七月十日からスタートするなど、法整備も拡充されてきた。親として第二の人生を存分に生きるためにも、手引き書など参考にして遺言に取りかかって正解となる。

四章

不満・不安・苦悩と病気を飼い馴らす

29 不安の正体を知る

還暦以後の不安の最たるものは、健康と経済である。

子供や孫のことにも心を砕きはするが、それは一義的には彼らの問題であって、直接的に関わることは少なく、最大の不安は「我が身」――すなわち、今後の健康と経済ということになる。

経済的な問題は、年金のことなど還暦を迎える前からわかっている。たとえ生活が苦しくとも、苦しくなるということは一応、計算できているため、

（まさか！）

という突発事態は、そうはない。

だが、健康は違う。いつ病魔に襲われるかわからない。健康で旅行を楽しんだりスポーツに興じたりしていても突如、脳溢血などで倒れることもある。交通事故に遭うことだってある。

「えっ、あの人が？」

という驚きは、どなたにも経験があるだろう。

死亡率の上位を占めるガンも心配だ。知人がガンで入院したと聞けば、

（ひょっとして自分も）

という不安をおぼえる。

認知症に同情しつつも、

（もし自分がそうなったらどうしよう）

と、これまた不安に苛まれる。

病気に限らず、半生を振り返れば、誰もが不安と二人三脚であることに気がつくのではあるまいか。不安は晴天下に引きずる自分の影と同じで、走っても、立ち止まっても、どうやっても決して自分から離れることはなく、ここに苦しみが生じるのだ。

では、なぜ私たちは不安に苦しむのか。もっと言えば、「不安の正体は何か」ということである。

こんな例はどうか。六十五歳まで定年延長で働いたYさんは、七十歳が住宅ローンの完済とあって、非正規雇用として量販店の駐車場係りに職を得た。ところが、この新型コロナである。いつ雇い止めになるかもしれず、毎日が不安で、

「ちょっと、Yさん」

上司に声をかけられただけで心臓がドキリとすると言っていた。

あるいは、還暦を過ぎたばかりのK子さんは人一倍健康に注意していて、朝夕のウォーキングに加えてサプリメントをどっさり買い込んでいる。それはいいとしても、テレビの健康番組を見ると、

「私も似た症状がある。ひょっとして……」

たちまち不安に胸を締めつけられ、すぐに医者に駆け込むのだと言う。

お気づきのように「不安の正体」は、

「もし、○○になったらどうしよう」

という「もし」にある。

明日のことは誰にもわからない。わからないにもかかわらず、いや、わからないからこそ「もし、○○になったら」と仮定を立て、最悪の結果をあれこれ想像し、不安に苦しむというわけである。若いころなら人生は失敗してもやり直せる。だが還暦以降の年齢になると、人生に躓《つまづ》くと起き上がれなくなるのではないかという思いがある。だから余計、不安になるのだ。

ならば、不安にどう対処すればよいか。

インドの達磨《だるま》大師と、弟子の慧可《えか》とのこんな禅問答がある。

慧可「わがために心を安んぜよ」

大師「心を持ちきたれ、汝がために安んぜん」

慧可「心を求むるに得べからず」

大師「汝がために心を安んじ終わりぬ」

禅問答なのでわかりにくいが、こういうことだ。

不安をどうしても払拭できずに苦しんでいた慧可が達磨大師に、

「不安ばかりが先に立ってしまいます。どうか、私の心を安らかにしてください」

と訴えると、

「わかった。安らかにしてやるから、おまえさんの心をここに持ってきなさい」

と大師が答える。

心を持って来ることなどできるわけがないから、

「探したけれど、心はどこにもありません」

慧可が切り返したところが、大師は大きくうなずき、

「おまえさんの心を安らかにしてやった」

と告げた。

「いくら探しても不安（心）はどこにも見つからないということがわかったら、それが安心ということなのだ」

と諭したのである。

私たちがいだく不安は「もし、○○になったらどうしよう」と自分がつくり出す幻想にすぎない。幻想だから、どこにも実体はない。そうとわかっていても、分身としての〝不安の影〟からは逃れることはできないが、正体を知るだけでも、いくぶんかは不安から救われるのではあるまいか。幽霊は怖いものだが、正体が枯れ尾花だと知れば、いたずらに怖がることはなくなる。不安もそれと同じなのだ。

30 「四苦八苦」を受け入れる

「これさえ終われば、これさえ過ぎれば、これさえなかったら」

私たちはこの三つの言葉を念じながら、苦労を乗り越えた先にあるはずの幸せを見つめながら、歯を食いしばって生きている。

ところが一難去って、また一難。新たな苦労が大海の波のように次から次へと襲ってきて、「これさえ――」と三つの言葉で自分を奮い立たせ、歯を食いしばることになる。一定の年齢になれば、誰しも「人生、楽じゃないよ」とつぶやくことだろう。

では、なぜ楽ではないのか。人生が思いどおりにならないからである。思いどおりにならない人生を、思いどおりにしようとすることで起こる悩みを、釈迦は《苦》とした。出世したい、お金儲けしたい、尊敬されたい、我が子をいい学校に入れたい、家が欲しい、別荘が欲しい、いつまでも健康でいたい、長生きしたい……。こうした思いが満たされないとき、私たちは焦燥感や絶望感に苦しむ。希望や夢といった美しい言葉も、ひと皮剥けば、自分の都合で勝手に思い描く欲に過ぎず、この欲に苦しむというわけだ。

思いどおりにならない代表が「四苦八苦」である。四苦とは生苦《しょうく》・老苦《ろうく》・病苦《びょうく》・死苦《しく》の四つのことで、生まれることも、老いていくことも、病気になることも、死んでいくことも、自分の意志ではどうすることもできない。歳を取りたくないと思っても時々刻々と老いていく。病気は自分の意志とかかわりなく発病する。何人《なんぴと》といえども死から逃れることはできない。理屈ではわかっていながら、「老いたくない、病気になりたくない、死にたくない、何とかならないものか」と願い、願って叶わないことに苦しむのである。

八苦とは愛別離苦《あいべつりく》・怨憎会苦《おんぞうえく》・求不得苦《ぐふとくく》・五蘊盛苦《ごうんじょうく》の四つのことで、苦が八つあるわけではなく、先の四苦とこの四つを合わせて四苦八苦と呼ぶ。愛別離苦は「死別など愛する人と別れる苦しみ」、怨憎会苦は「怨みや憎しみを感じる人と出会う苦しみ」、求不得苦は「欲しいものがどうしても手に入らない苦しみ」、そして五蘊盛苦は「執着によっておこる肉体的、精神的な苦しみ」を言い、そのどれもが自分の意志ではどうにもできないことから、先の四苦と合わせて根源的な《苦》とし、釈迦はこれを「一切皆苦」――すべてのものは苦しみであるとした。

このことから、私たちが暮らすこの世のなかを仏教では「娑婆《しゃば》」と呼ぶ。娑婆はサンスクリット語の《saha（サハ）》の音写で、「忍耐」という意味だ。この世は苦であり、ゆえに忍耐するべきものという意味になる。気が滅入るような教義だが、決してそうではない。《苦》というものがそこに存在しているのではなく、「思いどおりにならない人生を思いどおりにしようとする、その心に苦が宿る」ということを教え、《苦》は自分自身がつくり出していると説くのだ。

言葉を変えれば、老いも病気も死もすべて、現実を毅然として受け入れていくことによって、《苦》は苦でなくなり、充実した人生を歩むことができるということになる。

長く生きてくると、一難去ってまた一難が人生の実相であると気づく。

「これさえ終われば、これさえ過ぎれば、これさえなかったら」

という生き方は、無限に押し寄せる波を掻き分けるようなもので、力尽きれば呑みこまれてしまう。人生の何たるかを知る年齢になれば、人生の苦は乗り越えようとするものではなく、受け入れるものであることをさとる。いや、さとってこその晩年である。還暦まではは《苦》をねじ伏せて生きてきた人生とすれば、還暦以降は《苦》と肩を組んで二人三脚で走って行く人生なのである。

31 どうすれば「幸せ」だと思えるようになるのか

「いま、幸せですか？」

女性誌の取材でこんな質問をされ、私は返答に詰まったことがある。不幸であるという自覚が希薄であることから言えば幸せとなるが、不満や満たされない気持ちをかかえているということから言えば、幸せであると胸を張って答えることに躊躇する。よくよく考えてみると、「幸せ」とは何か、定義するのは意外に難解なのである。

たとえば世間的な価値観で言えば健康であることは幸せだが、健康であっても家庭不和の人は幸せなのか。

健康で、家庭円満で、しかし赤貧洗うがごとしの生活であればどうなのか。

さらに言えば、健康で、家庭円満で、お金持ちで、人がうらやむ境遇にあろうとも、人生に希望が持てず、鬱々とした日々を送っているとすれば、この人は幸せなのか。

こう考えていくと、「幸せ」には定義がなく、いまの境遇をどう感じるか、個々人の価値観が決めるということになる。身体を病み、家庭不和で、極貧生活で、他人から見れば

不幸の極みであろうとも、

「あたしゃ、幸せですよ」

ということも成り立つ。

すなわち幸・不幸は、健康や人間関係、金銭など境遇によるものではなく、その境遇の受け止め方にあるということなのだ。

そこで問題は、どうすれば「幸せだ」と思えるようになるか。

方法は二つ。

一つは人と自分をくらべないことだ。比較すれば嫉妬もすれば羨望もする。自分が惨めに思えてくる。だが「くらべるな」とさとされて、「はい、そうですか」とはいかないのが私たちだ。青々とした〝隣の芝生〟を目にすれば、

「あたしゃ、幸せですよ」

とは、とても言えなくなってしまう。「くらべない」は、現実的にはなかなか難しいということになる。

そこで、もう一つの方法は、他人から見れば自分も〝隣の芝生〟であると気づくことだ。健康であっても経済的に苦しい人から見れば、金持ちは「隣りの芝生」である。ところが、

その金持ちが健康を害していれば、その人にとって健康な人は「隣りの芝生」になる。なぜそうなるかと言えば、他人とくらべるとき、自分に不足しているもの、「こうであったらいいのに」という願望の視点に立つから「隣の芝生」は、よりいっそう青く見えるのだ。サラリーマンは自由業の人の「自由」をうらやみ、自由業の人はサラリーマンの「安定した収入」をうらやむ。人をうらやむ自分は、実はうらやましがられる存在でもあるということなのである。

海で泳ぐイカに、こんな話がある。あるイカが、仲間のイカを見て、

「オレもキミのような三角帽子が欲しいな」

とうらやんだところ、仲間のイカもまた、うやましそうな顔でこう言った。

「僕は三角帽子なんか被っていないよ。キミこそカッコいい三角帽子を被っているじゃないか」

イカは自分の頭部を見ることができないから、三角形の帽子を被っていることに気がつかないということなのだ。人生を折り返した私たちは、もはやイカであってはならない。

32 災難の〝二の矢〟の避け方

週刊誌記者時代から現在まで、芸能人を初めとして多くの著名人にインタビューしてきた。媒体名や原稿の内容は記憶の彼方になっていようとも、相手の興味深い仕草や心に刺さる言葉などは強烈な印象としていまも残っている。

ジュディ・オングさんもそのうちのひとりだ。『魅せられて』の大ヒットで一九七九年に第二十一回レコード大賞を獲得する一方、木版画家としての道を歩み、のち日展など数々の賞を受賞するなど、国内外で高い評価を得ている。

かつて彼女の自宅マンションにうかがって取材したときのことだ。額装した作品が飾られていて、その見事さに驚嘆したが、それにもまして印象に残っているのは、「二の矢に撃たれず」という言葉だ。

彼女はこれを座右の銘にしているとして、こんな話をしてくれた。

「たとえばお掃除をしていて、誤って棚の花瓶を割ったとします。〝あっ、しまった〟と思う。これが第一の矢（災難）で、〝どうしてこんなところに置いたんだろう〟〝もっと気をつけて掃除すればよかった〟と、くよくよ悩むのが第二の矢です。起きてしまった災難より、第二の矢に撃たれることに何十倍も苦しむ。災難に遭うのは仕方ないことでも、第二の矢は避けることができます」

ジュディさんが京都か奈良へ行ったとき、高名な僧侶から聞いたことだと語ってくれた。以後、私は失敗したり災難に遭うとこの言葉を自分に言い聞かせ、《第二の矢》に撃たれないようにするのだが、後年、私が五十六歳で僧籍を得たとき、釈迦の次の言葉に出会った。

悟りを開いた聖者も、悟りを開いていない凡夫も、ともに第一の矢を受ける。しかし、凡夫はその第一の矢に続いて第二の矢を受けるが、聖者は第二の矢を受けない

このとき、高名な僧侶がジュディさんに話したというのはこのことだったか、と納得したのである。

還暦を人生の折り返し地点とし、これまで夢中で走ってきた往路をふり返れば、「ああすればよかった」「こうすればよかった」「どうしてそのことに気がつかなかったのか」と

いう後悔は誰しもあるだろう。過去にさかのぼってやり直すことができるなら、いまよりもっと素晴らしい人生になっていただろうと思う。

だが、どんな失敗も判断ミスも、掃除をしていて花瓶を割ったのと同じで、決して取り返しがつかないことだ。したがってこれを《第一の矢》とすれば、「こうすればよかった」という後悔は《第二の矢》になり、これから始まる〝人生の復路〟の足枷になってしまうのである。

そして、往路だけでなく、復路もまた、失敗や災難という《第一の矢》に撃たれる。これは生きている限り避けようのないことだ。ならば《第二の矢》に撃たれないようにするには、どうすればよいか。

私は飛行機や新幹線の時刻表を思い浮かべる。出発するたびにパタパタパタと札をめくるように表示が変わっていく。前の時刻は瞬時にして見えなくなり、新しい時刻が表示される。これを思い浮かべるのだ。やってみればわかるが、《第一の矢》を頭から消し去ってしまえば、《第二の矢》が飛んでくることはないのだ。

33 病気など逆境や不幸は向こうからやってくる

還暦は人生の折り返し地点であると同時に、健康の節目でもある。

体力的に無理がきかなくなるだけでなく、身体のあちこちに故障も出てくる。腰痛、膝痛、高血圧の三つが定番で、これに加えて息切れ、動悸、足が攣るなど、健康サプリ会社のテレビCMはこれらをターゲットにここぞとばかり攻めて来る。女性であれば、さらにシミだ、肌の張りだ、頭髪だとアンチエイジングも加わる。還暦以降の健康ビジネスは一大マーケットなのだ。

私は十余年前、還暦を間近にして脊柱管狭窄症と診断され、断続的に襲ってくる膝の激痛で歩行が困難になったことがある。正座ができないとなれば、僧侶になるための十一日間の習礼（研修）に耐えられるわけがなく、やむなく本山に延期願いを提出した。いまは神経根ブロック注射で痛みはないが、いつ再発するか怖々《こわごわ》である。

だが、脊柱管狭窄症のおかげで気づいたこともある。健康のありがたさはもちろんとして、血の気が少しばかり多い私はそれまで肩を怒らせ、周囲に神経をとがらせて歩いていたのだが、ステッキをつき、足を引きずって歩くようになったのではケンカどころではない。自分は弱い立場なんだと自覚し、人とぶつからないように避けて歩いているうちに、

（何と気が楽なことか）

と、しみじみ思いつつ、これまで肩を怒らせて歩いていた自分の愚かさに気がついた。人間は失うこと、逆境に置かれることによって気づきがあり、これが人生の財産になるのだということを、私はこのときの体験を通して知ったのである。

友人が還暦を前にガンが再発し、入院したときのことだ。余命一年と宣告された。私は週に二、三度、話し相手に病室を訪れていたが、彼の次の言葉が忘れられない。

「お袋がうちの女房と折り合いが悪くてね。半年ほど前に家を出てひとりで住んでいるんだけど、自分が余命宣告されてみて、お袋はどんな思いで俺を育ててきたんだろうって思うことがあるんだ。それなのに、俺はお袋にちっとも感謝していない。もう八十三だっていうのに、ひどい話だよね」

そして友人は毎朝早く、病院の駐車場に置いてある自分のクルマで年老いた母の住まいへ出かけると、小一時間ほどたわいない話をし、朝食までに病室にもどるのだ。自分が幼いころの思い出を楽しそうに語る母親を見ていて、親の愛というものに心底触れたように

思ったと友人は穏やかな顔で語り、

「うまく言えないけど、いまこうして生きていること、生かされていることに感謝してるんだ」

と言った。

余命宣告という絶望的な状況に置かれて、友人は「いま、生きて在《あ》る自分」に気づき、残りの人生を存分に生きたのだった。脊柱管狭窄症と比べるべくもないが、逆境に置かれることでしか見えない世界、価値観があるのだということだけは、私にも腑に落ちてわかるのだった。

病気だけではない。新型コロナという逆境によって、私たちはこれまで当たり前だと思っていた日常生活が、実は当たり前ではなかったことに気づかされた。ものごとはすべて二面性があり、正のなかに負があり、負のなかに正がある。逆境やアクシデントに遭ったときは、我が身の不幸を嘆くばかりではなく、いかに負のなかに正を見ることができるかが大事なのではないだろうか。

前章で、歌手の北島三郎さんが「つらい時期、焦った時期、寂しかった時期——それは、みな今日あるための試練だったのかなって、そんな気がするんだ」と語った言葉を紹介したが、この経験を踏まえて、北島さんはこう続けた。

「どん底だと思ったときに、どう考えるかが大事でね。地べたに足がついてるんだから、これ以上の安定はないわけで、あとは昇るだけ――そう思えるかどうかだね」

負のなかに正を見るとは、こういう人生観を言う。

人生は断崖絶壁の淵にかかる細い山道を登るようなもので、危うい日々を生きている。どんなに幸せな人生を願おうとも、病気など逆境や不幸は向こうからやってくる。だが、視点を変えるなら、逆境や不幸な出来事であるがゆえに気づきを得て、より大きな幸せに目覚めていくことができる。「逆境ウェルカム」とはこういう生き方のことなのだ。

34 思考の迷路に迷い込んだら高所から「俯瞰《ふかん》」してみる

人生が思いどおりにいかないとき、他人や境遇、あるいは運など自分以外のものに原因を求めようとする。とりわけ他人に対する批難は日常的についてまわり、「私は悪くない、悪いのはあいつだ」と自分を正当化する。

「幸福になったら自分の努力、不幸になったら人のせい」というのが、私たちである。

だが、それで不満や悩みが解決するだろうか。何かのせいにすることによって、真の原因から目をそらすことにはなっていないだろうか。そうとするなら、思いどおりにいかなければいかないほど、「あいつのせいだ」という怨みは募るばかりで、問題は何ら解決されないまま苦しむことになる。

こんな例はどうだろう。

六十五歳で定年延長が終わったTさんは運送会社に再就職した。中小企業で給料は安かったが、仕事は伝票処理なので身体に負担はない。年齢からして、正社員として再就職できただけでも喜ぶべきことだった。

ところが馴れるにしたがい、給料の安さが不満になってくる。不満はやがて「社長は従業員のことを考えていないのではないか」「社長に問題がある」「社長が悪い」「そもそも社長の人格に問題がある」とエスカレートしていき、

「もう少し若かったら、こんな会社、飛び出してやるのに」

鬱屈とした日々を過ごしているのだと言った。

「元気で働けるだけで感謝しなきゃ」

と言って励ますこともできるが、Tさんは「社長が悪い、自分は悪くない」と思っているのだから聞く耳を持つまい。「元気で働けるだけで感謝」は「社長が悪い、自分は悪くない」に対する回答になっていないのだ。

解決の方法は二つ、給料を上げてもらうか、不満と鬱屈の真の原因を探り、それを取り除くしかない。Tさんに問えば、給料を上げてもらえる可能性はゼロだと言うことなので、不満と鬱屈の原因を探ることにして、私とこんな会話がかわされた。

——では、確認するけど、何が不満なの？

「給料ですよ。さっきから言っているじゃないですか」

——給料が安いと、何が困るんですか?

「生活です」

——生活できない?

「いえ、そういうわけでは……。夫婦二人ですから生活は特に問題はありません。ただ、孫たちが遊びに来れば小遣いもやりたいし、ものも買ってやりたいじゃないですか」

細かいやり取りは省略するが、「なぜ、なぜ、なぜ」と探っていくと、

「孫に祖父らしいことをしてやりたい」

「しかし、この給料では満足にそれができない」

という思いがTさんに潜んでいることに行きついたのである。

私はこの過程を紙にチャートにして書いてから、逆にたどって見せ、こう説明した。

——「孫に祖父らしいことをしてやりたい」「それができない」「なぜなら給料が安いから」「社長が悪い」……、そういうことになりませんか?

「ウーン」

Tさんが唸っている。「社長が悪い」という不満、そこから襲ってくる鬱屈は自分のミエに根源があることに気づいたのである。孫たちへの愛情の示し方は金銭的なものだけで

はないと考えを変え、当初そうだったように再就職できたことに喜びを持って働けば、人生はもっともっと充実し、生き甲斐に満ちた日々になる。このことをTさんは理解したのだった。

迷路に迷い込んだら、抜け出す最善の方法は、高いところに上がって周囲を見まわすことだ。そうすれば、眼下に抜け出る道筋が見えてくる。これを「俯瞰《ふかん》」というが、多くの人にはこの発想がなく、出口を探してただやみくもに歩きまわるため、袋小路で進退窮まり絶望することになる。

「高いところ」というのはたとえで、気持ちの上で袋小路に入ったら、不満や悩みをチャートに書き出し、それを俯瞰する。これまで気がつかなかった真の原因がおのずと見えてくる。このチャートが「心の曼陀羅《マンダラ》」であり、曼陀羅を描くことによって不満や悩みを解決することから、これを技術と呼ぶのだ。

35

「考える力」には大きな副作用がある

「人間は考える葦である」とたとえたのは、フランスの哲学者パスカルである。

人間は非力で、牙も鋭い爪もなく、猿や狐を相手にしてさえかなわないが、「考える力」によって火を発見し、武器を作り、虎をも倒す。自然界のなかで葦のごとく弱い存在に人間をたとえ、「考える」という偉大な能力を持っているというわけだ。

地球に君臨どころか、ロケットを打ち上げて宇宙へ進出しつつある。「考える」という力は素晴らしく、そして無限に進歩していく。人間の本質が「考える」にあることを、パスカルは五百年前にして喝破し、これを称賛したのである。

だが、パスカルは「考える力」には、大きな副作用があることを見落としていたのではないか。

それは、考えすぎるということだ。

「ガンになったらどうしよう」

といったように私たちはいろんな仮定を立て、考え、その結果、不安に苦しんだりする。

日常語として用いる「杞憂《きゆう》」という言葉がこのことをよくあらわしている。中国古代・杞《き》の国人が空を見上げ、

「空が落ちてきたらどうしよう」

と心配したことからこの言葉が生まれたものだ。

空が落ちてくることなどあるわけがなく、「杞憂」は心配する必要のないことをあれこれ心配することの意味だが、心配は「考える」から起こるのだ。ライオンや猿が空を見上げて、「落ちてきたらどうしよう」と考えることはない。人間にだけ具《そな》わった「考える力」は素晴らしい反面、私たちを苦しめもするのだ。

このことについて、仏教は『莫妄想《まくもうそう》』と教え、次のようなエピソードで語られる。

鎌倉時代、日本が蒙古襲来の危機にさらされていたときのことだ。蒙古軍は強大で、日本に勝ち目はない。執権・北条時宗はどう戦えばいいか考えれば考えるほど迷い、不安に苦しむ。思いあまった時宗は、中国から招いていた無学祖元《むがくそげん》禅師を訪れ、どうすべきか教えを請うたところ、

「莫妄想」

無学禅師は一言《いちごん》をもって諭したという。

「莫妄想」は「妄想すること莫《なか》れ」と読み、「考えても仕方のないことをあれこれ思い悩むのは愚かなことで、いまをどう生きるかが大事」という意味である。

北条時宗は、無学禅師のひとことでハッと〝妄想〟から覚め、どういう結果になるか、考えてもわからないことに心を砕く自分の愚かさに気づく。いまをどう生きるか――すなわち、いまなすべきことに全力を尽くし、結果は天命にゆだねるとしたのである。

これが二度にわたる元寇で、周知のように神風が吹き、元軍は二度とも暴風雨に襲われて敗走する。結果論であって、神風という偶然がなければ日本は元軍に占領されていただろう。だが見方を変えれば、結果は、そのときになってみなければわからないということなのだ。わからないことを悩み、不安に苦しむとしたら、なるほど愚かなことに違いない。

実は、このことを釈迦は二千五百年前に『無記』をもって教えている。経典は「私はお釈迦さまからこのように聞きました（如是我聞）」という言葉から始まり、釈迦の教えをまとめたものだが、釈迦が教えを示さないことがらについては経典に回答を書くことができない。だから『無記』となる。

何に対して『無記』としたかといえば、

「世界が永遠であるか否か」

「世界は有限であるか否か」

「生命と身体は同一のものであるか否か」

「人は死後存在するか否か」

といった問題について、釈迦は判断を示さなかった。世界が永遠であろうとなかろうと、有限であろうとなかろうと、生命と身体が同一であろうとなかろうと、人が死後存在しようとしまいと、人は生まれ、老い、死に、嘆き、悲しみ、苦しみ、憂い、悩む。これらの苦しみを止滅《しめつ》することが第一義の目的であり、不毛の論議によってこの目的を見失なわないよう、釈迦は沈黙したのである。


とは言っても、現実問題として、私たちは将来の不安から解放されることはない。「莫妄想」――「考えても仕方ないぞ」と言われても、つい考え込んでしまうのが私たちだ。

だから考え込むのはいい。考えて、考えて、考え抜いて、最後は「結局、なるようになる」と自分に言い聞かせる。「なるようにしかならない」というのはネガティブな結論で、「なるようになる」はポジティブな結論なのだ。「考えない」ではなく「考え抜く」ことによって、気持ちは突き抜けるのではないかと、私は考えるのだ。

36 幸せは掌中にあり

良寛の「清貧の生き方」について書き下ろすため、良寛の郷里越後（新潟県）に取材に行ったことがある。良寛が起居した草庵は国上山《くがみやま》の中腹にあり、山頂に立つと右手に佐渡、左手には歌手ジェロのデビュー曲『海雪』の舞台となった出雲崎を望む――と記せば、およその位置がわかっていただけるだろうか。この草庵は五合庵《ごごうあん》と呼ばれ、良寛が四十七歳で帰郷してから十余年を過ごした。

五合庵は八畳ほどのムシロ敷きの庵《いおり》で、戸口は菰《こも》すだれという粗末なもの。家具はいっさいなく、一つのすり鉢で味噌をすり、食器にし、顔や手まで洗ったという。かつてこの一帯は一メールを超えて雪が積もり、身を切るようなすきま風のなかで良寛は座禅し、詩句を読み、食べものがなくなると里におりて托鉢した。

その良寛の詩に、

優游復優游《ゆうゆうまたゆうゆう》

というのがある。

無一物で草庵に暮らし、世俗の一切にとらわれることのない日々は、ただ優遊としか言いようがないという意味だ。『優游』とは「ゆったりしていること」の意で、良寛が糧を乞食行脚に求めつつ、自然に囲まれた草庵の生活を無上の喜びとした詩の一節で、良寛は極貧の境遇においてさえ、人生を楽しいとした。

良寛のこの心境を、禅語で『水を掬《きく》すれば　月　手に在《あ》り』と言う。

「月夜に水を手で掬って見れば、月の光は手のなかに宿る」

という意味で、慈悲の光りはすべての人にそそがれており、水を手で掬うという働きかけや修行があって初めてそれに気づくというのが仏教的な諭《さと》しだが、《月の光り》を《幸せ》に置き換えて読み解くことができる。

月の光りが分け隔てなく、すべての人にそそがれているように、誰もが本来、心は満たされているはずなのに、人をうらやんだり、妬《ねた》んだりするのは、《掌中の月》——すなわち我が手のなかにある《幸せ》を見ようとしないから生じる。良寛が、極貧の境遇でさえ人生を楽しいとしたのは、粗末な草庵や乞食行脚の人生のなかに〝掌中の月〟を見たがゆえに、幸せであったということになる。

良寛の極貧の生活を不自由と考えるのだとしたら、その価値観は〝掌中の月〟に気づくことなく、「幸せとは、かくしたもの」という概念と幻想にとらわれたものであるということができる。このことが羨望や嫉妬の心を生《しょう》じさせ、「根拠のない願望」を抱かせ、それに依《よ》って生きるがゆえに私たちは人生に失望し、不満の日々を送ることになる。

石川啄木のよく知られた詩に、

はたらけど　はたらけど猶《なお》わが生活《くらし》楽にならざり　ぢっと手を見る

というのがある。どんなに頑張って働いても生活は楽にならず、自分の手をじっと見つめるという「生活苦」の心情を素朴に吐露した短歌として世評に高い。社会主義思想の影響を見る人もいる。不遇と貧困を、労働者階級の手を通して詠んだことが画期的と称賛する人もいる。

作品の評価は視点によってさまざまになされ、そのどれもが一面の真理をついているが、啄木は本当に生活苦だけを詠んだのだろうか。この短歌に『水を掬《きく》すれば　月　手に在《あ》り』という句を重ね合わせると、啄木の別の心情が浮かび上がってくる。手をたとえとし、苦しい生活の日々のなかで〝掌中の月〟を探し出そうする自分の心を詠んだのではないだろうか。

新型コロナ禍で、私たちは自粛生活を余儀なくされた。自由に外出してきた当たり前の生活が、当たり前ではなかったことに気がついたことはすでに前項で触れた。幸せもそれと同じで、幸せであるにもかかわらず、そうと気づかず、どこかに幸せがあるものと探しまわる。幸せは探すものでも求めるものでもなく、自分が掌中にしていることに「気づくもの」ではないだろうか。

人生の不条理に悩んだとき、努力が報われないと落ち込んだとき、自分が不幸だと感じたとき、じっと我が手のひらを見つめてみてはどうだろう。来し方をふり返り、いまの自分を見つめ、未来に思いを馳せ、〝掌中の月〟に気づくとき、また違った感慨が湧いてくるはずである。

37 不満は幸せの証し

人生の辛酸を舐めた人は、安易に不平や不満を口にすることはない。

「こうして雨露をしのぐことができ、三度三度の食事が摂れる。これで不満を言ったらバチがあたる」

友人の父親が生前、シベリア抑留をふり返って、そんなことを言ったことがある。

シベリア抑留とは太平洋戦争で日本が降伏した直後、ソ連は中国満州などの外地に残っていた日本兵ら約六十万人を捕虜とし、シベリアなどソ連各地に抑留された出来事だ。マイナス四十度を超える極寒のシベリア、黒パンを囓って生き延びる劣悪な生活環境、そして強制重労働により約六万人が命を落とした。いまの生活が決して経済的に豊かというわけではないが、不満を言ったらバチがあたるという父親の言葉には感謝の気持ちがにじんでいた。

有名大企業をリストラされ、家族をかかえながら焦燥の期間を経験した知人は、何とか小企業に職を得ることができた。給料は安く、労働環境はこれまでとは天地の差だったが、再就職できたことに感謝こそすれ、不満を口にすることはないと言った。

ガンから生還した知人は、「あと何年、生きることができるかわからないけど」としながらも、

「こうして生きているだけで幸せなんだなってね、つくづく思うんだ」

と言った。

彼らがいまの生活にどれほど満足しているかどうかはともかく、「あのときにくらべれば」という思いがある人は不満を口にすることはない。言い換えれば、ぶつぶつと現状に不満を言う人は、過去に苦労はあったにせよ、辛酸を舐めるほどの苦労とはこれまで無縁の人生であったということになる。

「不満は幸せの証し」

とは、そういう意味なのである。

満天に輝く星の存在することは、夜の闇があって初めてわかる。夜の闇を人生の辛酸とすれば、いまの生活に不満を口にする人は、白昼の空を仰いで「星が見えない」と言っているのと同じということになるだろう。たとえ満たされなくとも、きょう一日を生かされていることがどれほど幸せなことであるか身にしみて知っている人は、とても不満など口

にすることはできないのである。

『楽人《らくじん》楽を知らず』

ということわざがある。《楽人》とは苦労のない人間のことで、「何の苦労もなく気楽に生きている人には、安楽であることのありがたさがわからない」という意味で、これを人生に置き換えて読み解けば、

「幸せな人生を生きている人は、幸せであることがわからない」

ということになる。

だから、不満が口をついて出るのだ。

そうと知れば、不満をひとつ口にするたびに、

（そうか、私は幸せなんだ）

と思えば、人生はまた違ったものに見えてくることだろう。

五章

お金がなくても日々是「笑」日という生き方

38
「足るを知る」という生き方

欲は〝諸刃の剣〟である。

僧籍にある身が言うべきことではないが、人間には欲が具わっているから財貨や地位、名誉を手に入れようとして努力する。立身出世を美徳とする価値観は欲の肯定であり、欲をモチベーションとして「世俗の幸福」を実現することは、是非を超えて厳然たる事実である。一方、欲が満たされないと、どうなるか。

苦しむ。

求めて得られないことに苦しむのであれば、よりいっそうの努力をすれば解決もするが、欲から発する苦が厄介なのは、得られてなお求め続けるところにある。これが苦の本質である。

私は保護司を拝命して二十年になるが、かつて担当した元ヤンキー娘から生活苦のことで相談をうけたことがある。亭主は元暴走族で建築現場で働いているが、まだ二十歳を過ぎたばかりの見習いとあって稼ぎが悪い。自分はコンビニでバイトしているが、それではとても足りない。「どうしたらいいのか」――というのだ。

「答えは簡単だ」

と私は言った。

「洋服も買わず、美容院も行かず、お化粧もせず、飲みにも行かず、ひたすら収入の範囲で生活する」

「エエーッ！」

長いつけまつげをパチパチやって、

「やだ、そんなのできない」

と口をとがらせた。

「じゃ、いくら収入があればいい？」

「最低でも手取りで二十五万」

「飲みには？」

「週に二、三回は行きたい」

「二十五万じゃ厳しいな。三十万はなくちゃ」

「そうね」

「住まいは？」

「マンションに住みたいの」

「じゃ、三十五万はいるな。海外旅行は？」

「めちゃ、行きたい！」

「いまの収入じゃ無理だ」

「ウーン」

二十五万円の収入が五十万円になっても、彼女が満足することはないだろう。

これは何歳になっても同じだ。欲は生来、人間に具わっている煩悩である以上、決してなくなることはない。還暦を過ぎた知人は「何とかその日が食べていければいいんだ」と言いながらも、これからの生活設計に話がおよぶと、

「ま、できれば年に二、三度、夫婦で温泉旅行したいねぇ」

「小さくてもいいから別荘があるといいんだけどね」

「車検だからクルマも買い換えたい」

「趣味のゴルフも最低、月一回」

そして洋服のこと、外食のこと、小遣いのこと、人付き合いのこと、さらには「歳を拾

うと、やっぱりお金を持っていなくちゃ、子も孫も寄りつかなくなる」と、元ヤンキー娘と同じことを口にする。

このことを、釈迦は「小欲知足」という言葉で説いた。『遺教経《ゆいぎょうきょう》』は釈迦が臨終において弟子たちに説いた最期の説法として知られるが、そのなかで釈迦はこう語る。

知足の人は地上に臥《ふ》すと雖《いえど》も、なお安楽なり。
不知足の者は、天堂《てんどう》に処《しょ》すと雖も亦《また》意《こころ》に称《かな》わず。
不知足の者は、富《と》めりと雖も而《しか》も貧《まず》し

知足とは「足《た》るを知る」——すなわち「私はいまのままでじゅうぶんに足りています、満足しています」という意味で、

「足ることを知る人は、地面で寝るような暮らしをしていても幸せだと思う。足ることを知らない人は、天上界の宮殿のような立派な家で暮らしていたとしても満足できない。足ることを知らない人は、裕福であっても心は貧しい」

ということになる。

だが、お釈迦さんならいざ知らず、欲望は人間のすべてに等しく具わる煩悩である以上、それを捨てさることは不可能だ。だから「あれが欲しい、これがしたい」という欲は持っていて構わない。否定する必要はまったくない。大事なことは、その欲が満たされないときにどう思うかという心の持ちようであり、ここにこそ、心の平穏と幸せがあることに気づくのが還暦を過ぎた人間の知恵ではないだろうか。

加齢とともに軟骨がすり減り、背は少しずつ縮んでくる。体力も記憶力も落ちる。収入も少なくなれば、人付き合いも、残りの人生も確実に減っていく。頭髪だって増えることはなく、抜け落ちていく一方である。

欲も当然、それに比例して少なくなっていくのが自然の摂理のはずだが、無自覚で暮らしていると、欲だけはいっこうに減らない。ここに人間の持つ厄介さがある。このことに気づき、「金貨の雨が降ってさえ欲望は満足されない」という釈迦の言葉を心に刻むだけでも、満たされざる焦燥感も少しはやわらぎ、気持ちを楽に生きれるようになるのだ。

39 銀座クラブと自宅の缶ビール

良寛の歌にこんなのがある。

草の庵《いおり》に足さしのべて小山田の　かはずの声を聞かくしもよし

初夏の夕暮れ、托鉢《たくはつ》から山腹の草庵に帰って来た良寛が疲れた足を長々と伸ばしながら、

「田んぼに鳴く蛙《かえる》の声を聞くのは何とも楽しいものだ」

と、究極の田舎暮らしを詠んだ詩句だ。

無機質な都会生活に疲れた人間は癒やされるような気分になるが、あくまで気分的なものであって、現実に住むとなると蛙の声を聞くような田舎暮らしなど辛気くさいだけ。

「どこが楽しいのだ。ハワイの別荘のほうがいいに決まってるじゃないか」

そう言われたら、良寛は何と答えるだろうか。

おそらく、飄々とこう言うだろう。

「他人《ひと》様のことはわかりません。私にとってはここの生活、そして足を伸ばして四季に心を遊ばせるひと時が至福なのです」

楽しみも、贅沢も「絶対値」はなく、すべては自分の心が決める——この詩句の背後に、良寛のそんな思いが読み解けるのだ。

フランス料理のフルコースと、一汁一菜の粗食とどっちが贅沢な食事かと問われたら、ほとんどの人がフランス料理と答えるだろう。

ところが、

「太るよ」

と言われたら見方も変わる。

「一汁一菜こそ健康の秘訣」

と言われたら、粗食の価値観はガラリと変わる。

楽しみも、贅沢も「絶対値」はないとは、そういうことなのである。

海外のリゾート地で過ごせなくても、近所の公園に季節の移ろいを楽しみ、心を躍らせることはできる。邸宅に住めなくとも、四畳半に長々と足を伸ばし、生《せい》の実感を噛みしめることはできる。良寛は蛙の鳴き声さえ楽しみとした。幸せとは、願望が満たされることではなく、日々の生活にどれだけ満足できるかを言う。そこに「贅沢」や「楽しい人生」が転がっているのではなく、楽しむ人生があるに過ぎないのだ。

還暦を過ぎて収入が少なくなれば、「小さな出費、大きな贅沢」という生き方を提唱したい。温泉宿に泊まらなくても、スーパー銭湯の湯船にゆっくり浸かり、寒い冬なら帰宅してテレビ映画でも観ながらコタツで熱燗をキュッとやって、

「いい気分だねぇ」

笑顔で声に出してみる。

夏であれば風鈴をチリリンと鳴らし、冷えた缶ビールをジョッキに注いで一気飲み。

「うまい！」

これまた笑顔で声に出してみる。

つまみは安い干物でも食いちぎり、またまた「うめぇな」と笑顔で声に出せば、気分は上々となる。

「そんなことで」

と冷笑してはならない。

人間の感情は些細なことで揺れ動く。たとえ生活が楽でなくても、「うまい！」「いいね

ぇ！」と満面の笑みを浮かべれば、心まで貧しくなることはない。負け惜しみではない。

これまで贅沢することを目指し、楽しみを頬張るようにして生きてきた。一杯飲み屋より銀座クラブという志向で、これを「加算の人生」とする。

だが、金銭による贅沢は幸せの証だっただろうか。心からの楽しみだっただろうか。還暦を過ぎ、人生を折り返したら、これまで頬張るようにしてきた贅沢を削ぎ落し、「減算の人生」を生きることによって楽しみの本質に気づく。

温泉に行かなくても、ハワイに行かなくても、銀座クラブに行かなくても、至福の人生も楽しみもある。

「贅沢なんてぇのは、何とも安いもんじゃないか」

そう言って笑える人が、豊かな晩年を送ることができるのだ。

40 江戸庶民の「人生、物見遊山」という生き方

晩年になったら、人生、大いに楽しむべし。

還暦を意識する年代になると、誰もがそれを口にする。これまで家族のため、会社のために頑張って働いてきたのだ。定年以後は自分の人生を存分に生きたいと思う。

ところが、いざ還暦を迎え、実際に楽しみの晩年を楽しんでいる人となれば、そう多くはないようだ。理由はいろいろあるだろうが、そのひとつは、モノに縛られてしまって、楽しもうにも身動きがとれなくなっていることがある。

たとえば、退職金で自宅を新築するという人がいる。そこまで経済的に余裕がない人でも、ちょっとしたリフォームや手直しくらいはするだろうし、住宅ローンの一括返済にまわす人もいる。まとまったお金を手にしたときがチャンスであることはわかるが、これはモノに縛られた生き方であることを認識しておく必要がある。

知人のAさんは退職金で二世帯住宅を建て、息子夫婦と同居した。老後をみてもらおうということのようだが、退職金を叩《はた》いてしまったので、旅行や外食を楽しむ余裕がなくな

ってしまった。「晩年になったら、人生、大いに楽しむべし」——快活にそう言っていたが、いまはボヤキが口をついて出るばかりである。

新築の家は住んでいて気持ちはいいだろうが、それだけのことだ。息子夫婦と同居すれば、どんなに仲が良くても嫁・姑戦争は世の常である。知人は、わざわざ大金を投じて、家というモノに縛られてしまっているということになる。

江戸庶民の大半は、「九尺二間《けん》」と呼ばれる裏長屋で暮らしていた。「九尺二間」とは間口九尺（約二・七《メートル》）、奥行き二間（約三・六《メートル》）の、わずか三坪（六畳）ほどのスペースのことで、戸を開けると小さな土間と四畳半ほどの板座敷があり、ここで家族全員が暮らした。

劣悪な居住環境——というのは現代の価値観で、

「てやんでぇ、家なんざ、雨露しのげりゃいいんだ」

これが江戸庶民の心意気なのである。

家を持てない、という受動的な現実よりもむしろ、「持たない」という能動的な人生観といってもいいだろう。囲碁や将棋、世間話を楽しみたければ、湯屋（銭湯）に行って二階の広間に上がればいい。髪結床（床屋）も、熊さん八《はっ》つぁんたちの社交場だ。仕事をして、外で遊んで、夜になったら長屋という〝寝室〟にもぐり込む――これが江戸庶民の居住感覚だった。

もちろん、邸宅とは言わないまでも、二間続きの家に住みたいと彼らが思わないわけではなかったろう。だが、二間続きに住むために爪に火を灯すような日々を送るとしたら、彼らは鼻で笑ってこう言うに違いない。

「起きて半畳、寝て一畳。それだけありゃ、じゅうぶんだ。限られた人生、楽しまなくてどうする」

江戸庶民はモノより「時間」に価値を置き、芝居や相撲、旅など楽しみにお金をつかった。「人間一生、物見遊山」という人生観で、「何を手に入れたか」より「どれだけ楽しんだか」を大切にしたのである。

ひるがえって私たちはどうだろう。宝飾や住まいなど、モノに価値を置く。それが悪いと言うのではない。

ブランド品を買うのもいいだろうし、家を建てるのもいいだろう。だが、モノを所有することを人生の目的とし、モノを手に入れるために辛苦の日々を送るとしたら、果たしてそれは幸せなのだろうか。

人それぞれに人生観があり、生き方に良いも悪いもない。三十年をかけてローンを返済し、家一軒を手に入れて人生を完全燃焼するのもいいだろうし、ひたすら倹約に努めてブランド品で身を飾るのもいいだろう。我が身を犠牲にし、子孫に美田を買うのもいい。

だが、本当にそれでいいのだろうか。

「なに言ってんだよ。人間、一生、物見遊山。楽しんでこその人生じゃねぇのかい?」

裏長屋に住む江戸庶民の、そんな声が聞こえてくるような気がするのだ。

41
楽観と達観をもって人生の最高の贅沢としたい

山あり谷あり、これまでいいことも悪いこともあった人生だが、いまこうして生きていることはまぎれもない事実である。こう考えると、これまで何とかなった人生であるなら、これからも何とかなるのではないか。そう楽観しつつも、将来に思いを馳せれば、やはり不安がもたげてくる。楽観と不安のはざまで、私たちは今日を生きていくことになる。

先人はそんな私たちに経験をもとにした諺で生き方を示してくれる。将来に対する不安に苦しむのは今も昔も同じで、たとえば江戸庶民は『案じるより団子汁』と諺にして笑い飛ばしてみせた。『案ずるより産むが易し』をもじったシャレで、「案じる」に「餡汁《あんじる》」を掛け、「だんご汁」の「じる」と語呂を合わせにしているところが、人間の機微に通じた江戸庶民の知恵である。

当時は医療技術も未熟で、お産は命懸けであったことから、初産の女性を安心させるため、「案じるより産むが易し」と言って妊婦の不安をやわらげようしたものだが、「産む」を「生きる」に置き換えれば、「案ずるより、生きるが易し」という処世訓になるというわけである。

良寛については前章でも触れたが、現代人が良寛に惹かれるのは、「心配しなくても、人生、何とかなるよ」という詩句をもって私たちにやさしく寄り添うからだろう。

新潟県出雲崎の名主の長男という恵まれた境遇にありながら、苦悩から逃れるようして出奔。家業を投げ出し、両親を捨て、郷里を捨てて出家する。三十四歳までの十二年間を岡山・円通寺で修行したあと、飄然と諸国行脚に旅立つ。四国から九州まで廻国《かいこく》したとされるが、詳細は不明である。

良寛が故郷の地を踏むのは、出奔から二十年を経た三十九歳のときだ。大寺の住職として錦を飾ったわけではない。乞食僧として郷里の山中の草庵に独居するのである。

私たちであれば、将来の不安に息苦しくなるだろう。だが、良寛はこんな詩句を読んでみせるのだ。

焚くほどは　風が持てくる落葉かな

一八一九年の作とされるから、良寛がまさに還暦を過ぎたころのことだ。長岡藩主・牧

野忠精《ただきよ》が草庵に良寛を訪ね、

「長岡に寺を建立して、ぜひ貴僧を招聘したい」

と告げる。

忠精は幕閣の要職を歴任した譜代大名で、藩政改革に手腕を発揮するなど名君として知られるだけに、良寛の徳を惜しんだのだろう。名僧として良寛の名は広く藩内に知られていた。

だが、寡黙な良寛は一言も発しない。穏やかな表情で忠精の話を聞いていたが、聞き終わると、やおら傍《かたわ》らの筆を執ってさらさらと一筆し、忠精に慎んで差し出した。それが先の句である。

「煮炊きするくらいは、風が吹くたびに運んでくれる落ち葉で十分間に合います。山中での暮らしは物に乏しくとも満ち足りているのです。せっかくですが、お寺は建てていただかなくて結構です」

というメッセージだった。

忠精もさすがの人物である。良寛の意を汲んで大きくうなずいたと伝えられる。

この句は、名利や物欲に恬淡とした良寛の生きざまとして紹介されるが、視点を変えて

読み解けば、

「明日のことは、心配しなくても何とかなるもの」

という楽観と、「結果に身をまかせる」という達観になる。


風が落ち葉を運んで来るのを期待するのではなく、風が勝手に吹き、その結果として落葉が溜まったならば、そのぶんだけをありがたく焚けばいい。これまで何とかなった人生であるなら、これからも何とかなるだろう。楽観と達観をもって、人生の最高の贅沢としたい。

42 無趣味も趣味のうちと考える

還暦を過ぎると、

「趣味は？」

という一語が会話の糸口になる。

「家庭菜園を少しばかり」

「何を植えてらっしゃるんですか？」

「キャベツにニンジンに、それからホウレンソウ、ブロッコリー……」

「それはすごい。収穫が楽しみですね」

「できはともかく、見よう見まねで育てた野菜ですからね。収穫するときは心が躍ります。あなたは？」

「テニスを始めたんですよ。六十の手習いです」

「いいですねぇ、健康的で」

「筋肉痛に顔をしかめていますよ」

お互いがエールを送り合い、アッハッハと話は弾む。ところが、

「趣味は？」

「ありません」

会話はそこで途切れてしまう。

（ヒマだろうに、毎日なにやって過ごしているんだ？）

そんな思いが相手の脳裡をよぎることだろう。

「趣味＝充実した人生」という刷り込みがあるため、還暦を過ぎて無趣味だと答えれば、人生を無為に過ごしているように思われてしまう。だから「退職後は趣味を持つべきだ」と、雑誌が特集したり単行本も出ている。

趣味は持たなければならないのか。

前出の安藤昇さんが亡くなる年——八十九歳で若い女性記者にインタビューされたときのこと。趣味は何かと問われ、

「女のケツを追いかけることだね」

と答えて彼女を唖然とさせた。安藤さんは書も絵も能《よ》くするが、「趣味」という、いかにも高尚そうな言い方が好きではないことから、あえて「女のケツを追いかける」と言っ

たのだろう。

楽しみや遊びは、わざわざ見つけるものではない。まして、「見つけなくちゃ」とあせって探すものでもない。二章で「ねばならない」という生き方が人生を蝕むという梶原一騎さんの言葉を紹介したが、強迫観念のように「趣味を持たねばならない」と義務的に考えるのは、「仕事をせねばならない」という現役時代の発想である。「趣味＝遊び」は〝ねばならない〟を超えたところにあるのだ。

やりたいことは何もないが、それでも何かを始めたいと思うなら散歩を勧めたい。時間は都合で構わない。朝の田舎町であれば、鷺《さぎ》たちが田んぼを抜き足差し足でエサを漁るコミカルな姿を楽しめたり、トンビがピーヒョロロと青い空に円を描いて飛ぶ姿に癒やされたりするだろう。都会であれば、街の看板、行き交う人々の表情や服装など、興味をもって見るのも楽しいものだ。散歩してみて気が乗らなければ、さっさとやめればいい。楽しければ続ければいいし、歩いているうちに何かやってみたいものが思いつけば試してみればよい。身体を動かすのがめんどうであれば、朝風呂に入って、一杯飲んで、ゴロゴロするのもいいだろう。「無趣味も趣味のうち」と気楽に構えていればいいのだ。

43

自分の都合よく、日々是「笑」日とする

「日々是好日《にちにちこれこうにち》」という禅語は、中国の唐の末から五代の時代にかけて活躍した雲門文偃《うんもんぶんえん》の言葉だ。素直に読み解けば、「毎日毎日が素晴らしい」という意味になるが、私たちはそう思って生きてはいない。

遊びに出かけるときに雨が降れば「悪い日」で、晴天であれば「良い日」となる。ところが空梅雨でダムの貯水量が底をつき、深刻な水不足におちいったときの雨は一転、干天の慈雨として「良い日」になってしまう。

このことからもわかるように、日々是好日とは、「毎日に〝良い日〟も〝悪い日〟もなく、あるのはただ自分の都合だけ」ということから、自己への執着を説いたものだ。

だが、ウラ読みするなら、自分の都合で「良い日」にもなれば「悪い日」にもなるということだ。もっと言えば、「悪い日」であろうとも、受け取り方ひとつで「良い日」に転じさせることができるということになる。

では、これを現実生活に活かせばどうなるか。

たとえば、私たちは何かにつけて「決意」するのが大好きだ。

「禁酒するぞ！」

「早朝ジョギングを始めるぞ！」

「ダイエットだ！」

三日坊主に終われば、

「よし、明日から再チャレンジだ」

それもうまくいかなければ、

「来週からだ」

「来月からだ」

何度も仕切り直しをし、結局は挫折する。

問題は、このとき自分にどう向かい合うかだ。

「俺はなんと意志が弱いのか」

自分を責めるか、

「早起きは寝不足になって健康に悪いな」

「安易なダイエットはリバウンドが恐い」

自分に言い訳し、「ま、いっか」と納得するか。

若いときなら自分を責めるべきだ。自分に言い訳するなどもってのほかで、意志の弱さを恥じ入り、奮い立ち、チャレンジしていくことが人生に資することになる。だが、人生を一周して還暦を過ぎたならば、自分を責めるのはやめたほうがいい。

はからずも道徳・倫理に反する言動をしたときもそうだ。自分を責めず、「ま、いっか」と自分に言い訳をする。

「ちょっとまずいことしたけど、しょうがないよな」

次から気をつければいい——と、自分に納得させる生き方をするべきだ。

考えてもみていただきたい。

「自分が悪いんだ」

「何て恥知らずのことをしてしまったのか」

還暦を過ぎた人間が自分を責めて行き着く先は、若者や実年のように奮い立つのではなく、自己嫌悪である。半生をとおして多くの人生経験を経てなお、自分のいたらなさを恥じ入らなければならないとなれば、鬱病にだってなるだろう。

だから意識して自分を責めない。「意識して」というのが大事で、ノーテンキに「自分は正しい」と思うのではなく、

「自分は意識して自分を責めないでいるのだ」

と自分に言い聞かせ、自覚し、その上で笑い飛ばす。これが自分の都合による「日々是『笑』日」なのである。


身勝手と言えばそのとおりだ。決して誉められた生き方でないと言われれば反論はしにくい。だが、それでいいではないか。無自覚の自己弁護ではなく、人を騙すための自己弁護でもない。騙す相手は「自分の気持ち」であるということにおいて、人の道に踏みとどまっているのだ。

44
人生における選択に「正解」など存在しない

後悔とは「後知恵《あと》」のことだ。失敗したあとになって原因を探れば、どうするべきであったか誰だってわかる。

入学試験に失敗すれば、

「やっぱり難易度をワンランク落とせばよかったんだ」

会社が倒産すれば、

「転職の話があったときに踏ん切ればよかった」

健康を害すれば、

「女房に言われたときに医者に行けばよかった」

息子夫婦と同居してうまくいかなければ、

「だから私は反対したのに女房が……」

後悔はたいてい、「そうなるんだったら、こうしておけばよかった」という後知恵から起こるのである。

こうした経験を積んでいくと、私たちは判断に臨んで「正解」を求めるようになる。だが、正解であるかどうかは、結果が出てからでなければわからない。だから悩む。悩んで悩んで決断がつかなければ、私たちは「ブリタンのロバ」になってしまうのだ。

「ブリタンのロバ」とは、フランスの哲学者ジャン・ビュリダンによる思考実験のことで、次のようなものだ。

腹ペコで、ノドがカラカラのロバが道の分岐点にさしかかったときのこと。右に行けば水飲み場があり、左に行けば草が茂っている。ロバはどっちに行こうか迷い、決断できないままその場に立ち尽くし、餓死してしまう。

「草を選ぶのが正しいのか、水を選ぶほうが正しいのか……。草を選んで間違っていたらどうしよう、水を選んで間違っていたらどうしよう」

選択を誤ったらどうしようという不安は、餓死以上の精神的な痛みをともなうということを、ロバのこのたとえは教えるのである。

選択の不安は、「正解」を求めることから生じる。選択が間違った結果になれば、「やっぱり、こっちにしておけばよかった」と後知恵から後悔し、耐え難い苦痛を味わうことを私たちは経験で知っている。だから「ブリタンのロバ」になり、迷うこと自体に苦しみ、精神的に身動きできなくなってしまうのだ。

さらに厄介なことは、私たちは欲という煩悩が具《そな》わっているため、選択した結果に満足したとしても、

（ひょっとして、反対を選んでいたほうが、もっとよかったかもしれないぞ）

という思いにとらわれてしまう。

どっちを選んでも後悔するようにできているのが私たちなのである。このことに気がつけば、「選択」に対する意識も変わってくるのではないだろうか。

人生は、煎じ詰めれば二者択一の日々だ。

「やるか、やらないか」

「行くか、行かないか」

「買うか、買わないか」

「承諾するか、断るか」

あみだクジのごとく、日々を二者択一で生きた集大成が「人生」とするなら、私たちは常に「ブリタンのロバ」であることがわかる。迷ったあげく、決めかねてその場に立ちつくせば、ロバのごとく餓死する。

思い切って一方を選べば、

（あっちのほうが、もっとよかったんじゃないか）

と後悔する。

人生における選択に「正解」などは存在しない。存在しえない「正解」を探すのは愚かなことと割り切り、直感で選び、決断すればいいのだ。考え過ぎてその場に立ち尽くすのは本末転倒。前に向かって足を踏み出すことこそが大事なのである。

45 明日の風は、今日は吹かない

治療から予防へ――。

そういう時代になった。病気を治すことより、病気にならない工夫と生活が大事というわけだ。膨張する医療費の圧縮という行政の思惑は別として、第二の人生を健康で過ごすためには、予防医学にはもっともっと関心を払うべきだ。「転ばぬ先の杖」という生き方である。

私もこの考えには大賛成で、暴飲暴食を避け、適度に身体を動かし、友人の整体師から脳卒中にならないツボを教えてもらい、熱心にツボを刺激している。検診も大事、運動も大事、健康サプリメントも大事というわけである。

だが最近、

（ちょっとまてよ）

という思いが頭をもたげてきた。

予防医学とは、

「病気になったら困る」

という〝不安〟を前提にしたものだ。

乱暴に言ってしまえば、

「病気になるかどうかわからないのに、病気になったら困るという理由で、普段から予防に気をつける」

ということになる。

この考え方が、私は釈然としなくなってきた。不摂生をしていいと言っているのではない。病気は、病気になってから対処すればいいのではないか。予防とは、「明日」という不確かなことに思いわずらうことであり、それは愚かな生き方ではないかと、考えるようになったのである。

実年世代のビジネスマンであれば、明日が不確かであろうと、思いわずらわないわけにはいかない。仮説を立て、それにどう対処するか何度もシミュレーションをして臨む必要がある。だが、還暦以後をこれまでと違う価値観で生きようとするなら、まず心掛けるべきは、実年時代の価値観の対極——すなわち、明日という不確かなものに対する心構えである。

室町時代に、夢窓疎石《むそうそせき》という禅僧がいる。

極楽に行かんと思う心こそ、地獄に落つる初めなりけり

とは、疎石のよく知られた一句だ。

「極楽に行きたいと来世のことまでも願う心が、現世の苦しみになる」という意味で、人間の欲には際限がなく、来世のことにまで欲をかいているとして、「欲心こそが苦しみの根源である」と諭したものだ。人間、いつ死ぬかわからない。「明日という不確かなことを思い悩むより、今日をどう生きるかが大事ではないのか」と言っているのだ。

疎石の言葉から予防医学を考えると、「明日という不確かなことを思い悩む」という延長線上にあることがわかる。疎石の句をもじって言えば、

『病気になりたくないと思う心こそ、病気に落つる初めなりけり』

ということになるのではないだろうか。

健康に留意することはもちろん大切だ。だが、節度ある生活をしていれば、十二分に予

防医学になっている。健康ということに神経質になりすぎることが、精神的にはむしろマイナスに作用していると言っていいだろう。

予防医学のことにかかわらず、私たちは、「明日」という不確かなことに心を砕き過ぎている。

「明日で間に合うことは、今日やる必要はない」

これが還暦からの生き方だと思う。今日という日を存分に生きるには、明日を先取りしてはならない。明日やるべきことを今日すませておけば、なるほど明日は楽になる。だがそれは錯覚で、明日を今日という時間に前倒しをして使っているに過ぎない。だから時間に追われる。積み残してしまえば気が重くなる。今日という日は、今日だけのために使ってこそ、人生は完全燃焼できるのである。

同様に、「明日、考えればいいことは、今日考えない」という生き方も大切だ。それでなくても、次から次へと頭を悩ませることは途切れることがないのだ。明日、考えればいいことを、わざわざ今日から考え込むことはないではないか。

友人夫妻と食事したときのことだ。

「子供と同居するのか、施設に入るのか、いまから考えておかなくちゃね」

最晩年のことが話題になり、奥さんがそう言うと、

「おいおい、そんな先のこと、いまから心配しなくてもいいじゃないか」

亭主が笑ったところが、

「先のことだから心配してるんじゃないの」

奥さんが語気を強めて言い返した。

先のことだから心配するという気持ちはわかる。いまから考えておかなければいけないということもわかる。だが「明日」のことで「今日」をわずらう生き方でいいのだろうか。

明日吹く風は、今日は吹かないのだ。明日、どんな風が吹くかは明日になってみなければわからない。風向きを心配するのはそれからでいい。先走って明日のことに心を砕く生き方には、決して「笑日」が訪れることはないのだ。

46 「どっちでもええがな」と考えると人生はうんと楽になる

新型コロナに関する政府の答弁を聞いていて、国民は政治家にどれだけ信頼を寄せただろうか。

――非常事態宣言の発出について検討されているのでしょうか。

記者から質問が飛ぶ。

「エー、その件に関しましては専門家の方々の意見を賜りながら、総合的に判断してまいりたいと思っております」

――可能性があると理解してよろしいですか?

「いま申し上げましたように、専門家の方々の意見を賜りながら、総合的に判断してまいりたいと思っております」

同じ答弁を繰り返して結論を出さない。

質問で突っ込まれれば、

「その件に関しましては、各省庁が連携の上、精査中でございます」

「十分に事態を見極めた上で適切に対処したいと思います」

「いろいろなご意見があることは承知していますが、その批判は当たらないと考えております」

決してイエス、ノーでは答えない。ズルイのではない。そう答弁せざるを得ないのである。言質を取られないようにしていることもあるが、政治の役割は利害の対立という矛盾した社会を調整することであるからだ。

——経済を回すことか、コロナ対策か。

政策の優先度を追求され、

「コロナ対策です」

と答弁すれば産業界から非難轟々《ひなんごうごう》。

「経済です」

と答弁すれば、同じく国民から非難殺到で、次の選挙に影響する。

「アクセルとブレーキをどう踏み分けるか、慎重に判断してまいります」

と、玉虫色の答弁をする。あっちを立てれば、こっちが立たず。これが社会の実相なのである。

人生も同じだ。矛盾に満ちている。いや、矛盾であること、割り切れないことをもって人生と呼ぶ。いまさら青臭いことを言わなくても、還暦を過ぎる年齢になれば百も承知のことだろう。

「出世はしたいけど、ゴマまですりたくはない」
「家を買いたいけど、ローンに苦しみたくはない」
「孤独は嫌だけど、子供一家と同居はしたくない」

この矛盾した思いが人生であるにもかかわらず、生きるのに不器用な人は矛盾に整合性を求めようとする。割り切れないものを割り切ろうとする。ここに無理が生じ、苦悩へと変化していく。これが悩みの正体なのである。

割り切れないものは、割り切る必要はない。政治家の答弁のように、のらりくらりで結論を出さないでいれば、そのうち矛盾のほうで勝手に解決してくれる。人生とは、そういうものなのだ。

この生き方を、仏語で『両忘《りょうぼう》』という。「対立する価値観のどちらにも与《くみ》せず、自由な心でいよ」という意味だ。生死《しょうじ》、黒白《こくびゃく》、苦楽、美醜、真偽……等々、相対的な対立を忘れ去り、二元的な考え方から脱却せよという教えなのだが、乱暴な言い方をすれば、

「どっちでもええがな、という曖昧な価値観で暮らせば、人生はうんと楽になるぞ」ということなのである。一見、無責任な生き方に見えるが、そうではない。「どっちでもいい」は、正邪《せいじゃ》という自分の主観にもとづく二元論を離れ、「どっちも真実である」と認めることなのだ。

現実に即して言えば、

「嫁の言い分も正しいし、姑の言い分も正しい。若い者の価値観も正しいし、年配者の価値観も正しい。みんな正しいにもかかわらず、それぞれの立場で正邪の線引きをしようとしているだけ」

という達観になる。

「どっちでもええがな」という両忘の処し方は、返事を濁して責任を回避するのではなく、矛盾を矛盾として受け入れ、精一杯に生きていくことなのだ。割り切れないものを割り切ろうとすることの無意味さに気づけば、人生はうんと楽になり、日々は「笑日」になっていくのである。

六章

心の平静と「死生観」

47
人生に勝ち負けはなし。誰もがかけがえのない日々を生きている

還暦を人生の一区切りとし、

「私の半生は百点満点だ！」

と手放しで喜べる人は、めったにいないだろう。

「これでよかったのか」、「別の生き方があったのではないか」そんな思いがよぎるのではないだろうか。

競争社会に生きる私たちは、人生を「勝者」と「敗者」に分けて評価する。これは是非を超えて現実である。では、何をもって「勝者」とするのか。

知人は出世して経営トップの座についた。「勝者」である。だが、家庭の不和で苦しんでいる。彼は人生において「勝者」と呼べるのだろうか。

別の知人は出世と無縁で、しかも定年を前にリストラされ、零細企業で臨時工として働いている。「敗者」と言ってよい。だが「貧しいながらも楽しいわが家」で、妻と息子夫婦と六歳の孫に囲まれ、笑いの絶えない毎日を送っている。彼は本当に人生の「敗者」な

のだろうか。

繰り返すが、競争社会に生きる以上、私たちは「勝者」と「敗者」に分けて評価される。入試から就職、出世、さらに収入の多寡など、「勝敗」はその時々の特定の尺度におい存在する。だが、いろんな要素と価値観が複雑に絡まり合った人生において、勝敗の線引きができるだろうか。

できるわけがない。

人生にあるのは勝ち負けではなく、「この人生でよかったのだ」と納得できるかどうかなのである。

前章で触れたように良寛は名主の跡取りとして産まれ、晩年は山腹に粗末な庵を結んで暮らした。

その良寛が半生をふり返って、こんな漢詩を詠む。

　少年、父を捨てて他国に奔る。辛苦、虎を描いて猫にも成らず。
人あって　もし箇中《こちゅう》の意《こころ》を問わば、これはこれ、従来の栄蔵生

「父の許しも得ずに家を飛び出し、他国で修行を積んだが、苦労の甲斐なく、私の人生は虎を画こうとして猫にもなっていない。もし人が、いまの私の心境について尋ねたなら、〝私は昔のままの栄蔵ですよ〟と答えよう」

という意味だ。

栄蔵というのは良寛の俗名で、この漢詩をひらたく読み解けば、「親不孝もさんざんしたし、頑張って生きてもきたけど、人生、こんなもんかな」ということになる。

自分の人生の肯定である。「この人生でよかったのだ」という納得であり、納得できることにおいて、良寛は「人生の勝者」なのである。

勝ち負けという世間の価値観に引きずられ、還暦を迎えて自分の半生に懐疑の思いがよぎったときは、「これでよかったのだ」と自分に言い聞かせればよい。

「もっと別の生き方があったのではないか」悔悟の念にさいなまれたときは、「いや、この生き方がベストなのだ」と胸を張ればよい。

同じ人生を二度は生きられない以上、私たちに「別の生き方」は存在しないのだ。

人生に勝ち負けなし。誰もがかけがえのない日々を生きている。このことに気づけば呵々大笑ではないか。

48 人生という劇場で主役であれ

私の母親は、還暦を迎えることなく五十四歳で亡くなった。

直腸ガンの手術は成功したのだが、肝臓に転移が見つかった。手の施しようがなく、実家のある広島県呉市の病院で息を引き取った。危篤の知らせを聞き、東京に住んでいた私はこの日〆切の原稿を渡し、家族を伴って夕刻の病院に駆けつけたが臨終には間に合わなかった。

その私が還暦をすぎて五年後のこと。すでに僧侶となっていた私は母親の三十三回忌法要を勤めたのだが、このとき母親が口癖にしていた言葉が脳裡をよぎり、その意味について考えさせられた。

「平凡がいちばん」

いつもこう言っていた。波瀾万丈の人生でありたいと願う私をたしなめて言っているのだろうと、長らく思っていた。

だが、三十三回忌を前に仏教関係の本を書いていて、臨済義玄《りんざいぎげん》の次の言葉に接した。

随所に主と作《な》れば　立処皆真《りっしょみなしん》なり

「どこにいても主体性を失わず、自分が主人公であれば、自分の立っているところがすべて真実である」

という意味だが、「平凡がいちばん」という母親の言葉は、そのあとに「主役はいつも自分」という一語がくっついていたのではなかったか。

「出世できなくてもいい。お金持ちになれなくてもいい。日々《にちにち》に波乱万丈の面白さがなくてもいい。平凡な人生であろうとも、自分が主役であれさえすればこんな素晴らしい人生はない」

という人生観だ。

母親にそこまでの認識があったかどうかはともかく、「平凡がいちばん」という言葉には、漠然とではあったろうが、母親らしい、そんな思いがこめられていたのだろうと、三十三回忌を勤めながら思ったものだ。

臨済義玄は中国唐の禅僧で、臨済宗の開祖だ。峻烈な禅風で、その激しさから「臨済将軍」ともたとえられ、中国禅宗史の頂点を極めた。日本の臨済宗は、栄西が比叡山で天台の教義を学んだのち、日本に臨済禅を伝え帰ったものだ。

その臨済将軍が、

「主人公であれ！」

と裂帛《れっぱく》の気合いで一喝する。

人生という長くも短いドラマにおいては、他人が替わって生きることができない。自分だけが主役であり、最終回まで主役を演じきらなければならない。その覚悟を持ったときから、人生ドラマは生き生きと展開していく。

いや、主役を演じるだけではない。脚本・監督・主役の三役を自分ひとりでこなすのだ。還暦までが第一部、そして還暦以後が人生ドラマの第二部となる。どんなストーリーにするか、どんな演じ方をするか。すべては自分が決めていいのだ。考えただけでワクワクしてくるのだ。

49
死は時を選ばず

生は偶然、死は必然——。

仏教の考え方である。

私たちは必ず死ぬ存在であって、いま元気でいても一夜明けたら死んでいるかもしれない。だから生きているのはたまたまに過ぎないというわけだ。仏教的な言い方をすれば、

「死すべき命をいただいて生きている」ということになる。

ところが、私たちは「死は偶然、生は必然」だと逆さまに思って生きている。生きているのが当たり前であって、死ぬのは「まさか」なのだ。

私は導師として葬儀に出仕すると、読経のあとで、

「老少不定なれば死はときを選ばず」

といった法話をする。

死ぬることに老いも若きもなく、私たちはいつ亡くなるかも知れぬ人生を生きているという意味だが、ご遺族とごく近しい人をのぞいて、どこまで心に響いているかとなれば、

いささか心もとない気がしないでもない。法話のつたなさはともかくとして、話していて感じるのは、死は他人事で、「自分も死ぬ存在である」という自覚の希薄さである。

前章で生老病死という四苦について触れたが、四苦のなかでもっとも過酷な苦しみは死に対する不安である。だから「死は他人事」と無意識に遠ざけることで精神の均衡を保っているのではないか、とすら私は想像するのだ。

余命宣告されても死は受け入れがたいもので、精神科医のエリザベス・キューブラー・ロスは、人間が死をどう受容していくか五段階に分けて解説する。第一段階の「否認と孤立」から始まり、第二段階の「怒り」、第三段階の「取り引き」、第四段階の「抑鬱《よくうつ》」を経て第五段階の「受容」に至るとする。

大雑把に説明しておくと、「何かの間違いじゃないか？」と否定はしてみるものの事実であることは承知しているため、孤立を深めていく（第一段階「否認と孤立」）。

死を事実として認識はしても、「なぜ自分が死ななくてはならないのか」という怒りがわいてくる（第二段階「怒り」）。

怒っても無意味とさとれば、「財産を寄付するから」「行いを改めるから」と条件を提示して命を助けて欲しいと神仏に懇願する（第三段位「取り引き」）。

懇願しても死は回避できないとさとり、絶望にうちひしがれる（第四段階「抑鬱」）。そして最後は、生命が死んでいくのは自然のことだという気持ちになっていく（第五段階「受容」）。

医者から死を宣告されても、それを受け入れるのにこれだけの葛藤とプロセスを経なければならない。「死は他人事」「生は必然、死は偶然」と無意識に思うのは自然のことなのかもしれないが、「死は必然」と認識すれば、必然であるがゆえにあがくことになる。

紀元前三世紀、中国を統一した秦の始皇帝は死から逃れようとして不老長寿の「仙薬」を求め、何千人もの配下を中国全土に放った。「仙薬」など見つかるわけがなく、「死は必然」と現代人は始皇帝を笑う。だが、その現代人でさえ、余命宣告されると、藁をもすがる思いで、怪しげな薬や治療に高額の費用を払う例はいくらでもある。

死はそれほどに恐い。

なぜ恐いのか。

葬儀で読経する私にもわからない。本能的な恐れであるとか、未知の世界に対する恐れであるとか、理屈は言えるが、本当のところはよくわからない。

だが、わからなくても死んでいかなければならない。この現実を前に、還暦を過ぎた私たちはどういう心持ちで生きていけばいいのか。

高齢社会を背景に「終活」は依然としてブームが続き、「これまでの人生を振り返る」「残される家族のことを考える」「亡くなったときに知らせる相手を書き出す」「友人、知人、今までお世話になった人たちへの思いをつづる」「やり残したことや叶わなかった夢などを書き出す」……といった手引き本もたくさん出版されているが、それは枝葉末節のことであって、真の「終活」とは、死を我が身に引き寄せ、現実のものと認識することなのである。

なぜなら、死を考えることは、必然的にいまをどう生きるかということに直結する。すなわち、今日をどう生きるかを考えるには、まず死を考え、自分なりの結論を出し、心の平静を得ることが大前提になるのだ。

死ぬ人と死なない人が世の中にいるなら、「死にたくない」と願うのは当然だ。だが、地球に住む七十億人のすべてが等しく死んでいく。還暦を過ぎたら——たとえ不安であろうとも——死と正面から向かい合うことで見えてくる生き方もあるのだ。

50
死の受け止め方によって天地の差が出てくる

生きたいと願って叶わず、余命を覚悟してなお生きながらえる。命は自分の意志ではどうにもできないにもかかわらず、私たちは長寿を願う。

葬儀で故人が七十代であれば、

「まだお若いのに」

会葬者は遺族に対してそんなお悔やみを言う。まして六十代は「早死に」であり、還暦を前にして亡くなろうものならご遺族にかける言葉もない。長寿社会にあっては還暦以後の人生は長く、それだけに「何歳まで生きることができるか」という思いは常に脳裡の片隅にある。

「平均寿命までは何とか」

「足腰が立たなくなるまで生きるのはちょっとな」

「苦しむのは嫌だから、ピンピンコロリがいい」

一定の年齢になると寿命談議はつきない。

長寿は人間の永遠の願望で、『鶴は千年、亀は万年』という長寿を祝す言葉はいまから約二千二百年前、中国・前漢の時代に登場する。アネハヅルは繁殖地のモンゴルから標高八千メートルのヒマラヤ山脈を越えてインドへ渡っていく。その強靱な生命力と華麗な姿から中国の人々は鶴を霊鳥として崇《あが》め、古典『淮南子《えなんじ》』に「鶴の寿は千歳」と記《しる》されるなど、鶴は千年を生きるとされた。

これに古来より長寿の象徴とされた亀がくっつき、『鶴は千年、亀は万年』という長寿と縁起を祝うおめでたい言葉が生まれるわけだが、この言葉に江戸時代の禅僧である仙崖は『我は天年』という言葉をつけ加え、

鶴は千年、亀は万年、我は天年

と、人間の寿命を喝破した。

「千年生きるか、万年生きるか、あるいは明日ころりと逝《い》くか——。寿命は人智のおよばざるところゆえ、わしはただ、天から授かった寿命をまっとうするだけじゃ」

という意味だが、寿命は天命であるにもかかわらず、いたずらに長命を願う人間の愚か

さを、仙厓は「我は天年」という一語をもって喝破したのである。

仙厓は反骨の高僧として知られる。栄西禅師が開山した日本最古の禅寺、聖福寺（福岡）に請われて入り、一二三世となるのだが、仙厓が聖福寺の門前に立ったとき、その身なりのひどさに小坊主どもが乞食坊主と間違えたというエピソードが残っている。権威を嫌った仙厓は、本山（臨済宗妙心寺）から紫衣《しえ》（最高位の袈裟）を与えられたが断り、生涯を黒の袈裟で通したという。

反骨であるだけでなく、軽妙洒脱な人柄で、六十二歳で隠棲してからは風刺やトンチのきいた書画や詩文で禅の境地をわかりやすく説き示し、多くの人々が絵を求めて訪れた。

おごるなよ　月の丸さも　ただ一夜

という よく知られた句は、博多の豪商・宗平に揮毫《きごう》を頼まれたときのもので、仙厓は「満月」をもって増長を戒めた。
あるいは正月、訪ねて来た客人が「何かめでたい言葉を」と仙厓に求めたときのこと。

親死ぬ　子死ぬ　孫死ぬ

と書きつけたものだから、「縁起でもない」と客人が怒ったところが、仙厓は平然と告げる。

「これがいちばんめでたいではないか。逆だったらどうなる」

言われてみればそのとおりで、客は二の句が継げなかったという。

こうした仙厓の人柄に、『鶴は千年、亀は万年、我は天年』という狂歌を重ね合わせると、「鶴や亀でも寿命があるというのに、おまえさんたち、永遠に生きるつもりでおるのか」という言葉が聞こえてきそうである。

人間は誰でも死ぬ。天年に抗えば恐怖にさいなまれ、達観すれば「死ぬまで存分に生きよう」と積極的な処し方になる。恐怖すれば咳をしてさえも不安に胸を締めつけられる。死は万人に動かしがたい事実ではあるが、受け止め方によって天地の差が出て来るということを、仙涯の言葉に読むのだ。

51
日常生活の中に、自分だけの別天地を持つ

人間関係のなかで生きる私たちは、「自意識という鎧《よろい》」に「煩悩という兜《かぶと》」をかぶり、人生という戦場で常に身構えて生きている。若いときも実年時代も、そして還暦を過ぎてからも、世間という厄介で得体の知れぬ戦場で延々と戦い続け、この戦いは生きている限り終ることはない。

人間関係のわずらわしさなど〝柳に風〟で受け流すことができればいいが、多くの人は微風にも過剰に反応してしまい、心が折れることもある。長寿社会を背景として「人間疎外」「無縁社会」といったことが社会問題になっているが、独りでいることが孤独なのではない。息子夫婦と二世帯同居の大家族であろうとも、自分の本当の気持ちをわかってもらえないと感じたとき、息子夫婦の笑顔の下に目に見えないバリアを感じたときに、孤独感は不意に襲ってくる。

この孤独感を、哲学者の三木清は自著『哲学ノート』にこう記した。

孤独は山になく、街にある

独りで山中に坐すことが孤独なのではなく、世間という戦場にいるからこそ味わう孤独になるのだ。

だが、私たちは孤りでは生きていけない。人間は、人間関係において生きていく。だから必然として孤独感にさいなまれる。そんな自分を放っておけば、加齢とともに孤独感はますます強くなっていく。

古希を迎えた私も、この孤独感は身をもって知っている。

ならば、どうすればいいか。

私は生きることに息苦しくなったとき、横になると静かに目を閉じ、一つの「壺」を思い浮かべる。壺は大人の背丈の半分ほどの大きさで、この中にポンと飛びこむ自分の姿を思い描きながら、

（壺中《こちゅう》の天……、壺中の天……）

と胸のうちでつぶやく。

すると気持ちが次第に落ち着いてくる。瞑想というより空想だが、自分流の「心を飼い

慣らす技術」と言ってもいい。私にとって空想のこの壺は、まさに〝心の妙薬〟になっているのだ。

『壺中の天』という言葉は、中国・後漢朝について書かれた歴史書『後漢書』のなかの「費長房伝」の故事に出てくるもので、「仙境」のことをいう。仙境とは本来、仙人の住処《すみか》のことだが、俗界を離れた静かで清浄な場所の象徴としても用いられる。

要するに『壺中の天』とは、理想とも言うべき別天地のことで、次の故事による。少し長くなるが、還暦以後を生きる人生観として示唆に富んでいるので紹介する。

昔、中国の河南省に費長房《ひちょうぼう》という市場の役人がいた。ある日のこと、何気なく役所の窓から往来を眺めていると、壺公《ここう》という老人の薬売りが夕方、店をしまったあとで、ぴょんと壺の中に飛び込んだのだ。

翌日も、そして、その翌日も……。

（あの爺さん、壺の中に入っていったい何をしているんだ？）

費長房は気になり、壺公を訪ねて問うと、

「いやはや見られてしまいましたか。では、その理由をお教えしましょう。どうぞ、私と一緒に壺に入ってください」

壺公に言われ、あとに壺に入った費長房が唖然とする。壺の中には輝くような立派な楼閣があり、従者も数十人が侍《はべ》っていたのである。

「さっ、どうぞ、遠慮なく」

壺公に酒肴を勧められ、ご馳走を堪能した費長房は夢見心地で家に帰っていく。

これが『後漢書・費長房伝』の故事だ。もちろん壺の中に別天地などあるわけがない。

この故事が説くのは、

「身体を屈《こご》めて座るような狭い壺の中でさえ、自分にとって別天地にも桃源郷にもなるぞ」

ということなのである。

すなわち、自分だけの〝壺中《こちゅう》〟を持つことによって、意に満たない俗生活や、生きることの苦しさから救われ、生きる希望と活力がわいてくるということなのである。

このことから『壺中の天』の真意は、

「日常生活の中に、自分だけの別天地を持て」

ということになる。

趣味に浸るのもよい。「趣味がないのも趣味のうち」と嘯《うそぶ》く生活でも、もちろんかまわない。読書だって、散歩だっていいいし、私のように還暦を前にして仏教の世界をのぞいてみるのもいいだろう。要は自分だけの〝壺中〟を持ち、それを別天地と意識することで、意の満たされない生活や、生きることの苦しさから解き放たれ、生きる希望と活力がわいてくるということなのである。

52 人生の満足度は、水と器の関係にある

還暦までは、人生を「足し算」で計算する。

「もう二十歳だ」

「来年で三十になる」

「いよいよ五十代か」

そんな思いや感慨をいだいたことは、どなたもあるだろう。

平均寿命が延び、還暦以後も再雇用や再就職する時代になり、七十歳くらいまで年齢を足し算しているかもしれない。

だが、足し算をする一方で、

「あと何年を健康で頑張れるか」

と、引き算するようにもなるのが、還暦の半ばをすぎた私たちだ。

「七十五歳までを健康年齢とすれば、あと○○年」

「いや、八十歳までは頑張れるから、あと○○年は大丈夫だ」

引き算をし、残った時間をどう生きるかを考える。引き算すれば、当然ながら残り時間は一年ずつ短くなる。「あれもやりたかった」「これもやりたかった」「結局、みな思いだけで終わってしまうのか」――こんなあせりも出てくる。

これが「やり残した人生」というやつだ。故人になったが、私と古いつき合いの空手仲間が弟子に団体代表を譲って引退すると言い出したことがある。

「考えてみたら、六十半ばまで仕事と空手だもんね。それで俺の人生、いいのかと思ってさ。実は前々から農業に興味があってさ。家庭菜園を頑張ってみようと思うんだ」

「仕事と空手。それでいいじゃないか」

そう言ったが、

「いや、人生にやり残しがあるような気がするんだ」

考えた末の決断だと言って、彼は五十坪の畑を借り、本格的に家庭菜園を始めた。

一年が経って畑を百坪に広げ、彼はこう言った。

「本格的に農業をやってみようかと思ってさ。趣味で終わったんじゃ、中途半端になるからさ」

一年前と言葉は違っても、「このままで終われば、人生のやり残しになる」――そんな思いを口にした。そしてその二年後、彼は農作業中に倒れて不帰となるのだが、たまに顔を合わせると収穫のこと、出荷のこと、人手の手当のことなどを語っていた。

そういう人生もいい。完全燃焼と言えばそうだ。

だが、倒れる前年、私は彼にこう言ったことがある。

「チャレンジするのは素晴らしいことだ。だけど、〝やり残した人生〟という思いに駆り立てられるのは間違っているんじゃないか？」

私たちには、欲もあれば夢も希望もある。ひとつ叶えば、次はこうしたいという思いがもたげてくる。それがモチベーションになっている限り、「これでよし」と満足することは決してない。たとえて言えば、ハツカネズミがゴールのない〝回し車〟をクルクルと回っているのと同じではないか。本人は全力で走り、あたかもゴールに向かって走っているような満足感をおぼえるだろうが、それは所詮、錯覚なのである。

私たちの人生に〝やり残し〟は存在しない。いままで生きてきたこと、そしていま生きていることがすべてであるにもかかわらず、何かをやり残しているような気がする。チャレンジは尊いとしながらも、この気持ちに突き動かされればハツカネズミになってしまうことは忘れてはなるまい。

53 結局、人間は「独り」である

高齢社会と核家族化により、孤独死ということがメディアでよく取り上げられる。私の身近でも、そういうケースがいくつかある。死後二週間、あるいは一ヶ月たって発見されたという人もいて、駆けつけた遺族がご葬儀の手配や事後の整理に追われていた。そうした現実を見聞するにつけ、孤独死は私も無意識に嫌だと思ってしまう。

だが、孤独でない死などあるのだろうか。

親族知友に看取られたとしても、死の本質は孤独である。孤独死を不幸とするなら、その本質は死に方ではなく、孤独のうちに死んでいかざるを得ないという生き方——すなわち「生活状況」にあり、これは死そのものとは別の問題である。

私は導師としてご葬儀に出仕すると、経典『仏説無量寿経』の次の一節を引いてお話をさせていただく。

人《にんげん》在《ざい》世《せ》間《けん》愛《あい》欲《よく》之《し》中《じゅ》　独《どく》生《しょう》独《どく》死《し》独《どっ》去《こ》独《どく》来《らい》　身《しん》自《じ》当《とう》之《し》無《む》有《う》代《たい》者《しゃ》

「人、愛欲の中にありて独《ひと》り生まれ独り死し、独り去り独り来《きた》る。身《しん》みずからこれを当《う》くるに、代わるもののあることなし」

と読み下し、

「私たちは、生まれるときも死ぬときも、ただ独りでその苦難と立ち向かわなければならない。そして、私たちの人生は、誰に代わってもらうこともできない」

という意味になる。

これを私たちの実生活に惹きつけて読み解くと、

「わが子がどんなに病気で苦しんでいようとも親が代わってやることはできないし、自分の人生がどんなに苦しくとも人に代わってもらうことはできない。死も同様で、ひとりで死んでいかなければならないという苦難に立ち向かいなさい」

ということになる。

厳しい教えだが、「人生は独り」という覚悟をもって生きてこそ、幸せで満ち足りた日々を送ることができるのだということを、故人は「無常」というみずからの死をもって私たちに示してくださった——といった話をする。

「人間は独りである」という決然とした自覚がなければ、不安や不満、満たされざる思いを外に求める。

「世間が悪い、運が悪い、あいつが悪い」

という不満は、

「もし、こうであったら」

「どうしてみんなは助けてくれないのか」

という依頼心を生み、それが思いどおりにいかなければ怒りがこみあげてくる。『独生独死独去独来』――「独り生まれ、独り死に、独り去り、独り来る」という覚悟を持たず、「外」に解決を求める限り不安や苦しみから開放されることはない。

孤独でいいではないか。人生は本来、孤独であるにもかかわらず、孤独を不幸とする思いこそが、私たちを不安に落とし入れているのである。

54 晩年の品位の証

生き方に是非はない。

自業自得という言葉があるように、還暦以後をどう生きようと、人生のすべては自分が背負う。この覚悟さえあれば好き勝手に生きればよい。これまで会社や家族を引きずって頑張ってきたのだ。人生の収穫期は、思うところにしたがって、悔いなく存分に日々を過ごせばいいだろう。

だが、この「好き勝手」という生き方に〝落とし穴〟があることは、しっかりとキモに銘じておく必要がある。動物の「好き勝手」と、人間のそれとは違うということだ。ここをはき違えると、世間は眉をひそめる。「世間などクソくらえ」という居直りはもちろん大事だが、若い世代から「あんな晩年にはなりたくない」と蔑まれるような生き方をしたのでは、人間としての値打ちはない。値打ちのない人間など野良犬と同じなのである。

野良犬は腹が減ればエサを漁る。尻尾を振ってエサがもらえるなら、ちぎれるほどに振ってみせる。自分がどう見られようが、どう思われようがいっさい関係なし。腹がふくれるならそれでいいという生き方だ。

人間は違う。自分に誇りの一片でもあれば、そういう振る舞いはしない。エサを求めないというのではなく、求め方を我が身に問う。みっともないマネを恥じるのではなく、そうまでしてエサを求める自分を恥じるのだ。こういう晩年であってこそ、若い世代の信望を集めることができるのではないだろうか。

電車に乗ればシルバーシートがある。一定の年齢になれば座って構わない。そのためのシートだ。だが、座っていいからといって、そこに得々として座るのは「腹が減ればエサを漁る」という行為と同じなのだ。

「年配者に親切にしましょう」

というのは若者に対する呼びかけであって、年配者は親切にされて当たり前というのではない。親切にされてる立場であるがゆえに、そこに甘えることなく、毅然とした態度でいるところに、若い世代は熟年の矜持を見る。

浄土真宗開祖の親鸞は、主著『教行信証』に中国の高僧・道綽《どうしゃく》の次の言葉を引く。

前《さき》に生まれん者《もの》は後《のち》を導き、後に生まれん者《ひと》は前を訪《とぶら》え

「前に生まれた者は後に生きる人を導き、後の世に生きる人は先人の生きた道を問いたずねよ」

ということになる。

という呼びかけは、若い人の立場から読めば「先人に教えを聞け」ということになり、自分がどんな人間であるかは問われない。

だが「導く立場」の年配者は、若い人の尊敬を得なければ導くことはできない。そういう意味で人格が問われるのだ。還暦以後を自由自在に自分の人生を生きようとするなら、このことはしっかり心にとめておかなければならない。

外面は柔和でいい。好々爺でもいい。だが内面に矜恃なき者は見下される。富士山を見ればわかる。なだらかな裾野を持つ美しい山容の懐に、熱くたぎるマグマをだいている。「現役の活火山」であるがゆえに、私たちを魅了する。還暦からの人生は、こうありたいものと思うのだ。

あとがき

人生の過ぎゆく時間は早い。

来し方をふり返れば、あっという間だと誰もが口をそろえる。だがそれは過ぎ去った日々をふり返っての話であって、いまを生きる人生は長い。まして、これまでの人生の延長として漫然と生きる還暦以後の一日となれば、時間を持て余すこともあると、これまた口をそろえる。

生きて、死ぬ。

僧籍にある者として、「人生とは何か」と問われたら、そう答える。文字にすれば「生死」というたった二字だが、本書で触れたように四苦八苦を背負って生きていく八十年、九十年はとてつもなく長い。

だが、ほんのちょっと心の持ちようを変えるだけで、苦が楽に転じることはおわかりいただけたことと思う。まえがきでも述べたが、羅針盤は方位が一度変わるだけで航海のコースが変わる。到着港となれば、まるっきり違ってくる。人生もそれと同じであると気づけるがどうか、日々の充実はここで決まるのだ。

還暦を節目として、以後をどう生きていくか。

結論はすぐには出ないだろう。経済的な事情もあれば、健康的な問題もある。家庭状況も人によって違う。それでも一つだけ、確かな、万人共通の、普遍的な真理がある。それは、人生のすべての価値観は自分自身が握っているということだ。配偶者でもない。子供でもない。親でもない。知人でも、他人でもない。人生は「自分の人生観」を離れては存在しないのだ。

このことを私は繰り返し書いた。本書の底流にそれを読み取っていただければ望外の歓びである。

「心外無老」——心の外に老いがあるのではない。老いは心の裡に棲むのだ。

向谷匡史

向谷匡史

むかいだに・ただし

一九五〇年、広島県呉市出身。

拓殖大学を卒業後、週刊誌記者などを経て作家に。

浄土真宗本願寺派僧侶。日本空手道「昇空館」館長。保護司。

主な著作に『田中角栄「情」の会話術』（双葉社）、

『ヤクザ式最後に勝つ「危機回避術」』（光文社）、『安藤昇90歳の遺言』（徳間書店）、

『子どもが自慢したいパパになる最強の「おとうさん道」』（新泉社）、

『小泉進次郎「先手を取る」極意』、『太陽と呼ばれた男　石原裕次郎と男たちの帆走』、

『田中角栄の流儀』、『熊谷正敏稼業』、『渋沢栄一「運」を拓く思考法』、

『二人の怪物』（青志社）など多数ある。

［向谷匡史ホームページ］ http://www.mukaidani.jp

JASRAC 出 209089-001

還暦からの才覚

二〇二〇年十一月二十二日　第一刷発行

著者――向谷匡史
編集人・発行人――阿蘇品 蔵
発行所――株式会社青志社
〒一〇七―〇〇五二　東京都港区赤坂五―五―九　赤坂スバルビル6階
（編集・営業）
TEL：〇三―五五七四―八五一一　FAX：〇三―五五七四―八五一二
http://www.seishisha.co.jp/

本文組版――株式会社キャップス
印刷製本――株式会社プラスコミュニケーション

ISBN 978-4-86590-110-8 C0095